容斋随笔

[宋] 洪迈·著

邵士梅·编译

插图精译

陕西新華出版 三秦出版社

图书在版编目（CIP）数据

容斋随笔 /（宋）洪迈著 ；邵士梅编译．-- 西安 ：三秦出版社，2008.04（2024.1 重印）
（国学百部文库）
ISBN 978-7-80736-369-9

Ⅰ．①容… Ⅱ．①洪… ②邵… Ⅲ．①笔记－中国－南宋－选集 Ⅳ．①Z429.442

中国版本图书馆 CIP 数据核字（2008）第 027082 号

书　　名　容斋随笔
作　　者　［宋］洪迈 著　邵士梅 编译
责　　编　韩宏伟
封面设计　新华智品

出版发行　三秦出版社
社　　址　西安市雁塔区曲江新区登高路 1388 号
电　　话　（029）81205236
邮政编码　710061
印　　刷　北京一鑫印务有限责任公司
开　　本　680×1020　1/16
印　　张　9
字　　数　154 千字
版　　次　2008 年 4 月第 2 版
印　　次　2024 年 1 月第 2 次印刷
标准书号　ISBN 978-7-80736-369-9

定　　价　39.80 元
网　　址　http://www.sqcbs.cn

前　言

宋代的笔记小说数以百计，洪迈撰著的《容斋随笔》堪称其中出类拔萃之作，是集中国数千年历史文化之精粹的珍品。该书一问世便受到了当时的最高统治者宋孝宗赵昚的称誉，从此成为历代皇室所必藏的珍籍。

作者洪迈（1123–1202），字景卢，号容斋，南宋乐平（今属江西）人。他出生于一个官宦家庭，其父洪皓官至礼部尚书，宋高宗建炎三年（1129）奉命出使金国，由于毅然拒绝接受金人所授的官职，被扣留十余年。其间虽不似西汉苏武“噬毛茹血”，亦饱受凌辱，尝尽辛酸，然始终不失气节。后因金国大败，方被遣归宋，于绍兴十三年（1143）回到临安。洪迈是洪皓的季子，二十三岁时考中博学鸿词科进士，从此开始步入仕途。后因其父洪皓斥责秦桧与金勾结一事遭贬而受牵连，被降调为福州教授，召入左司员外郎、起居舍人、中书舍人兼侍读、直学士院。绍兴三十二年（1162）曾出使金朝议和，被囚使馆，三日水浆不进，返宋后竟以使金辱命罢职。其为官清廉，有治才，所任之处每能抚平乱民，赈济贫民。后预修《四朝帝记》，进敷文阁直学士、端明学士。《宋史》本传称他“考阅典故，渔猎经史，极鬼神事物之变”。著有文言小说《夷坚志》四百二十卷，为宋代志怪小说之大成；《容斋随笔》七十四卷，在历代考订笔记中最负盛名；另有《野处类稿》等书传世。

《容斋随笔》是关于历史、文学、哲学、艺术等方面的笔记，以考证、议论、记事为中心内容。既有宋代的典章制度，更有三代以来的一些历史事实、政治风云和文坛趣话，以资料丰富、格调高雅、议论精彩、考证确切等特点，卓然超越众多的同类著作之上，被《四库全书总目提要》推为南宋笔记小说之冠！

《容斋随笔》计随笔、续笔、三笔、四笔各十六卷，五笔十卷，共七十四卷。此书涉猎范围极广，经史典故、天文地理、轶闻异说、诸子百家之言及诗文语词，无所不包。其中对经史艺哲，考订博录，卓有独见。此书的学术性和可读性绝不亚于任何一部史书，其中的政治历史、人物佚事、文章典籍，甚至各朝各代的制度无所不包，堪称宋朝之前的百科全书。

《容斋随笔》是一部涉及领域极为广泛的笔记小说，内容博大精深，自经史诸子百家、诗词文翰到历代典章制度、医卜星历等等，无不有所论说，而且其考证辨析之确切，议论评价之精当，备受称道。

该书所涉及内容不仅广泛，而且最重要的价值和贡献，则是对历代典籍的重评、辨伪与订误，并考证了前朝的一些史实，如政治制度、事件、年代、人物等等，提出了许多颇有见地的观点，更正了许多流传已久的谬误，不仅在中国历史文献上有着重要的地位和影响，而且对于中国文化的发展亦意义重大。

《容斋随笔》取材广泛，内容丰富，考虑到普及的需要，我们选取了其中最具代表性的篇章，以供读者阅读，希望本书能对您的学习和生活有所裨益。

编　者

2008 年 8 月

目 录

欧率更帖 /1
罗处士志 /1
唐平蛮碑 /2
禹 治 水 /3
敕 勒 歌 /4
地　险 /5
史记世次 /6
乐天新居诗 /7
唐重牡丹 /7
张良无后 /9
周 亚 夫 /10
秦用他国人 /10
曹参　赵括 /11
忠恕违道 /13
汉采众议 /14
汉 母 后 /16
戾 太 子 /17
和归去来 /18
李 太 白 /19
太白雪谗 /20
商　颂 /21
汉昭、顺二帝 /21
三女后之贤 /22
张九龄作牛公碑 /23
唐人告命 /24
张浮休书 /25
温公客位榜 /26
马融　皇甫规 /27
翰苑亲近 /28
送孟东野序 /29
晋 文 公 /29
南夷服诸葛 /30
汉唐八相 /31
晋之亡与秦、隋异 /32
上 官 桀 /33
金 日 磾 /34
韩信　周瑜 /34
汉武赏功明白 /35
周召房杜 /36
三代书同文 /37
周世中国地 /38
姓氏不可考 /38
绿竹青青 /40
孔子欲讨齐 /41
韩 退 之 /42
左氏书事 /44
郑文公　楚昭王 /45
孟子书百里奚 /46
韩、柳为文之旨 /47
虞 世 南 /47
汉书用字 /48
姜嫄　简狄 /49
佐命元臣 /51
诸 葛 公 /53
陶 渊 明 /55
东晋将相 /56

人君寿考 /57
韩文公佚事 /58
论韩公文 /60
霍光赏功 /62
汉文失材 /63
唐三杰 /63
忠义出天资 /64
高科得人 /65
宰我不诈 /66
古彝器 /67
战国自取亡 /68
临敌易将 /69
将帅贪功 /70
汉二帝治盗 /71
汉唐封禅 /72
何进　高睿 /74
汉景帝忍杀 /75
燕昭、汉光武之明 /76
光武弃冯衍 /77
曹操用人 /78
汉士择所从 /80
刘公荣 /82
曹操杀杨修 /83
韩馥　刘璋 /84
萧、房知人 /84
晏子　扬雄 /86
拔亡为存 /87
孙吴四英将 /87
孙膑减灶 /89
汉祖三诈 /90
有心避祸 /90
光武仁君 /91
苏子由诗 / 92
孔氏野史 / 93
有若 / 94
二士共谈 / 96
曹操　唐庄宗 / 96
文章小伎 / 97
南宫适 / 99
王卫尉 /100
稷有天下 /101
靖康时事 /101
颜鲁公 /102
存亡大计 /104
汤武之事 /106
巫蛊之祸 /108
苏张说六国 /109
一定之计 /111
太史慈 /114
无望之祸 /115
周世宗 /116
资治通鉴 /117
秦隋之恶 /119
汉唐二武 /125
郑庄公 /126
钟繇自劾 /127
大义感人 /129
淮南王 /131
孙权称至尊 /133
萧何先见 /134
孙坚起兵 /135
孙权封兄策 /136
曾皙待子不慈 /137

欧率更帖

【原文】

临川石刻杂法帖一卷，载欧阳率更一帖云："年二十余、至鄱阳，地沃土平，饮食丰贱，众士往往凑聚。每日赏华，恣口所须。其二张才华议论，一时俊杰；殷、薛二侯，故不可言；戴君国士，出言便是月旦；萧中郎颇纵放诞，亦有雅致；彭君摛藻，特有自然，至如《阁山神诗》，先辈亦不能加。此数子遂无一在，殊使痛心。"兹盖吾乡故实也。

【译文】

在临川县的一处石刻中有一卷法帖，此法帖中刊载了欧阳询（曾任太子率更令）的一份字帖，帖上说："我二十多岁的时候，到了鄱阳，这里土地肥沃平坦，饮食既丰富又便宜，许多读书人时常聚在一起，每天赏花，大饱口福。其中有两个张姓人氏才华横溢，满腹经纶，实是一时不可多得的人才；姓殷、薛的两位士人，自不必说；戴君也是杰出的人才，每有评说，一发言就成定论；萧中郎稍稍显得放纵狂妄，但是有文雅的风度；彭先生词藻秀丽，文章十分自然，至于像《阁山神诗》，就是先辈名人也不能超过他。这些名士已经无一人在世了，特别使人痛心。"所有这些，都是我们乡里值得称道的旧事呀！

罗处士志

【原文】

襄阳有隋处士罗君《墓志》曰："君讳靖，字礼，襄阳广昌人。高祖长卿，齐饶州刺史。曾祖弘智，梁殿中将军。祖养，父靖，学优不仕，有名当代。”碑字画劲楷，类褚河南，然父子皆名靖，为不可晓。拓跋魏安同父名屈，同之长子亦名屈，祖孙同名，胡人无足言者，但罗君不应尔也。

【译文】

襄阳有隋时处士罗君《墓志》，志文说：“罗君名靖，字礼，襄阳广昌县（辖境约当今湖北枣阳市）人。高祖长卿，南朝齐饶州刺史。曾祖弘智，南朝梁殿中将军。祖父养，父亲靖，学问都很好，没有做官，当时很有名望。”碑文刚劲有力，很像河南褚遂良的风格。然而父子都名靖，却让人不理解。拓跋魏的安同，父亲名屈，安同的长子也名屈，祖父与孙子同名，对于胡人是无所谓的，但对于罗君却不应该如此。

唐平蛮碑

【原文】

成都有唐《平南蛮碑》，开元十九年，剑南节度副使张敬忠所立。时南蛮大酋长染浪州刺史杨盛颠为边患，明皇遣内常侍高守信为南道招慰处置使以讨之，拔其九城。此事新、旧《唐书》及野史皆不载。肃宗以鱼朝恩为观军容处置使。宪宗用吐突承璀为招讨使，议者讥其以中人主兵柄，不知明皇用守信，盖有以启之也。裴光庭、萧嵩时为相，无足责者。杨氏苗裔，至今犹连“晟”字云。

【译文】

成都有唐朝的《平南蛮碑》，是唐玄宗开元十九年，剑南节度副使张敬所立下的。当时南蛮大酋长染浪州刺史杨盛颠扰乱边疆引起祸乱，唐明皇派内常侍高守信任南道招慰处置使去讨伐他，攻下了九座城池。而这件事情在《新唐书》《旧唐书》及野史中都没有记载。唐肃宗以鱼朝恩为观军容处置使，唐宪宗用吐突承璀为招讨使。议论者都讽刺他们用宦官掌握兵权，不知道这其实是唐明皇任用高守信，才开启了这样的先例。裴光庭、萧嵩，当时为丞相，不足以责备他们。杨氏的后裔，直到现在，名字上都还连着“晟”字呢！

禹治水

【原文】

《禹贡》叙治水，以冀、兖、青、徐、扬、荆、豫、梁、雍为次。考地理言之，豫居九州中，与兖、徐接境，何为自徐之扬，顾以豫为后乎？盖禹顺五行而治之耳。冀为帝都，既在所先，而地居北方，实于五行为水，水生木，木东方也。故次之以兖、青、徐；木生火，火南方也，故次之以扬、荆；火生土，土中央也，故次之以豫；土生金，金西方也，故终于梁、雍。所谓彝伦攸叙者此也，与鲧之汩陈五行相去远矣。此说予得之魏几道。

【译文】

《禹贡》记叙大禹治水，其冀州、兖州、青州、徐州、扬州、荆州、豫州、梁州、雍州为先后次序。按地理来说，豫州在九州中间，和兖州、徐州相接，为什么却从徐州写到扬州，反把豫州丢下了呢？大概是因为禹以五行而治理的缘故吧。冀州是帝都，应该在先，而且地理位置又在北方，按五行属水，水能生木，木是东方。所以按次序是兖州、青州、徐州；木能生火，火是南方，所以依次是扬州、荆州；火能生土，土是中央，所以再下来是豫州；土能生金，金是西方，所以最后是梁州、雍州。这就是《尚书·洪范》所说的常理都有了序列，和鲧乱列五行，是相距很远的。这个说法，我是从魏几道那里得来的。

大禹

敕勒歌

【原文】

鲁直《题阳关图》诗云："想得阳关更西路，北风低草见牛羊。"又集中有《书韦深道诸帖》云："斛律明月，胡儿也，不以文章显。老胡以重兵困敕勒川，召明月作歌以排闷，仓卒之间，语奇壮如此，盖率意道事实耳。"予按《古乐府》有《敕勒歌》，以为齐高欢攻周玉壁而败，恚愤疾发，使斛律金唱《敕勒》，欢自和之。其歌本鲜卑语，词曰："敕勒川，阴山下，天似穹庐，笼罩四野。天苍苍，野茫茫，风吹草低见牛羊。"鲁直所题及诗中所用，盖此也。但误以斛律金为明月，明月名光，金之子也。欢败于玉壁，亦非困于敕勒川。

【译文】

黄鲁直在《题阳关图》诗中说："想得阳关更西路，北风低草见牛羊。"又集中有《书韦深道诸帖》说："斛律明月，本是胡人，文章并不出名。老胡高欢因大批军队被困在敕勒川，便召斛律明月唱歌解闷，在他仓卒之间，唱词却极为奇壮无比，大概是因随意写事实的缘故吧！"我查《古乐府》有《敕勒歌》，认为是北齐高欢攻打北周的玉壁（今山西稷山县西南）失败，愤恨疾发，生了病，让斛律金唱《敕勒歌》，高欢亲自和乐。歌词本是鲜卑语，歌词说："敕勒川，阴山下，天似穹庐，笼盖四野。天苍苍，野茫茫，风吹草低见牛羊。"黄鲁直的《题阳关图》和诗中所引用的，大概来源于此。但却把斛律金误会成斛律明月。明月名叫光，是斛律金的儿子。高欢是败在了玉壁，也不是被困在敕勒川。

地　险

【原文】

古今言地险者，以谓函秦宅关、河之胜，齐负海、岱，赵、魏据大河，晋表里河山，蜀有剑门、瞿唐之阻，楚国方城以为城，汉水以为池，吴长江万里，兼五湖之固，皆足以立国。唯宋、卫之郊，四通五达，无一险可恃。然东汉之末，袁绍跨有青、冀、幽、并四州，韩遂、马腾辈分据关中，刘璋擅蜀，刘表居荆州，吕布盗徐，袁术包南阳、寿春，孙策取江东，天下形胜尽矣。曹操晚得兖州，倔强其间，终之夷群雄，覆汉祚。议者尚以为操挟天子以自重，故能成功。而唐僖、昭之时，方镇擅地，王氏有赵百年，罗洪信在魏，刘仁恭在燕，李克用在河东，王重荣在蒲，朱宣、朱瑾在兖、郓，时溥在徐，王敬武在淄、青，杨行密在淮南，王建在蜀，天子都长安，凤翔、邠、华三镇鼎立为梗，李茂贞、韩建皆尝劫迁乘舆。而朱温区区以汴、宋、亳、颍巍然中居，及其得志，乃与操等。以在德不在险为言，则操、温之德又可见矣。

【译文】

古今说地形险要的，都说秦地凭借函谷、大河的形胜，齐地仗恃大海和泰山，赵和魏国依据大河，晋国外河里山，西蜀占有剑门关、瞿塘峡的险阻，楚国用方城作城垣，汉水作城池，吴国有万里长江，并兼具着五湖的坚固，都能够建立国家。只有宋国、卫国的周围，四通八达，没有一处险要可守。然而东汉末年，袁绍占有青州、冀州、幽州以及并州四州，韩遂、马腾等分别占据着关中，刘璋凭借蜀地，刘表据有荆州，吕布窃据徐州，袁术包罗南阳、寿春，孙策攻

取江东，天下的有利地形都被占据完了。曹操最后才得到兖州，在群雄间争强好胜，结果却消灭了群雄，倾覆汉室。评议的人，还以为曹操挟持皇帝，提高自己的地位，所以能成功。但唐朝僖宗、昭宗时候，藩镇割据，王氏据有赵地一百多年，罗洪信在魏地，刘仁恭在燕地，李克用在河东，王重荣在蒲州，朱宣、朱瑾在兖州、郓州，(王)时溥在徐州，王敬武在淄州、青州，杨行密在淮南，王建在蜀地，皇帝建都长安，凤翔、邠州、华州三镇鼎足而立，李茂贞、韩建都挟持过皇帝。然而朱温用小小的汴州、宋州、亳州、颍州几个地方，孤立地处在中间，等到他志得意满的时候，却和曹操相同。如果说兴盛是依靠德行不是依靠险要，那么曹操和朱温的德行显而易见。

史记世次

【原文】

《史记》所纪帝王世次，最为不可考信。且以稷、契论之，二人皆帝喾子，同仕于唐虞。契之后为商，自契至成汤凡十三世，历五百余年；稷之后为周，自稷至武王凡十五世，历千一百余年。王季盖与汤为兄弟，而世之相去六百年，既已可疑，则周之先十五世须每世皆在位七八十年，又皆暮年所生嗣君，乃合此数，则其所享寿皆当过百年乃可。其为漫诞不稽，无足疑者。《国语》所载太子晋之言曰：“自后稷之始基靖民，十五王而文始平之。”皆不然也。

【译文】

《史记》记载的帝王世代次序，是最经不起考证确信的。就拿稷和契来说，二人都是帝喾的儿子，同时做官在唐、虞时代。契的后代是商，从契到成汤共十三代，经历了五百余年；稷的后代是周，从稷到武王，共十五代，经历了有一千一百多年。论辈分王季(文王之父)大概和商汤是兄弟，然而差了两代却相差了六百年，这已经很可疑了，那么周朝的先人十五代，必须每代在位七八十年，又都是晚年得子，才符合此数。而他们所享的年寿，都应该超过一百岁才可以。《史记》记载的荒谬不稽，是无可怀疑的了。《国语》所载太子晋的话：“从后稷开始奠定基业，安定人民，经过十五代到文王才得天下。”这些都是不对的。

乐天新居诗

【原文】

白乐天自杭州刺史分司东都，有《题新居呈王尹兼简府中三掾》诗云：“弊宅须重葺，贫家乏羡财。桥凭州守造，树倩府寮栽。朱板新犹湿，红英暖渐开。仍期更携酒，倚槛看花来。”乃知唐世风俗尚为可喜。今人居闲，而郡守为之造桥，府寮为之栽树，必遭讥议，又肯形之篇咏哉！

【译文】

白居易由杭州刺史调至东都洛阳任职，有一首《题新居呈王尹兼简府中三掾》诗，诗中说道：“弊宅须重葺，贫家乏羡财。桥凭州守造，树倩府寮栽。朱板新犹湿，红英暖渐开。仍期更携酒，倚槛看花来。”从这时可以知道唐代的世风民俗还是可喜的。现在的官员离职闲居，如果太守为他造桥，府僚为他栽树，就必定要受到讥讽、议论，又哪敢写入诗中来咏诵呢！

唐 重 牡 丹

【原文】

欧阳公《牡丹释名》云：“牡丹初不载文字，唐人如沈、宋、元、白之流，皆善咏花。当时有一花之异者，彼必形于篇什，而寂无传焉，唯刘梦得有咏鱼朝恩宅牡丹诗，但云一丛千朵而已，亦不云其美且异也。”予按，白公集有《白牡丹》一篇十四韵，又《秦中吟》十篇，内《买花》一章，凡百言，云：“共道牡丹时，相随买花去……一丛深色花，十户中人赋。”而《讽谕乐府》有《牡丹芳》一篇，三百四十七字，绝道花之妖艳，至有“遂使王公与卿士，游花冠盖日相望”“花开花落二十日，一城之人皆若狂”之语。又《寄微之百韵》诗云：“唐昌玉蕊会，崇敬牡丹期。”注：“崇敬寺牡丹花，多与微之有期。”又《惜牡丹》诗云：“明朝风起应吹尽，夜惜衰红把火看。”《醉归盩厔》诗云：“数日非关王事系，牡丹花尽始归来。”元微之有《入永寿寺看牡丹》诗八韵，《和乐天秋题牡丹丛》三韵，《酬胡三咏牡丹》一绝，又有五言二绝句。许浑亦有诗云：“近来无奈牡丹何，数十千钱买一窠。”徐凝云：“三条九陌花时节，万马千车看牡丹。”又云：“何人不爱牡丹花，占断城中好物华。”然则元、白未尝无诗，唐人未尝不重此花也。

【译文】

欧阳修《牡丹释名》说：“牡丹最初是没有文字记载的，唐人像沈佺期、宋之问、元稹、白居易等，都擅长咏花。当时有一种奇异的花，都要写入诗中，然而却没有人写牡丹。只有刘禹锡有歌咏鱼朝恩宅的牡丹诗，也只说它一丛千朵罢了，并没有夸它美丽和奇异。”我考察，白乐天集中有《白牡丹》一篇，共十四韵，《秦中吟》有十篇，其中《买花》一章，共一百字，说：“共道牡丹时，相随买花去……一丛深色花，十户中人赋。”他的《讽谕乐府》有《牡丹芳》一篇，三百四十七字，极力称道牡丹花的妖艳。甚至有这样的句子：“遂使王公与卿士，游花冠盖日相望”“花开花落二十日，一城之人皆若狂”。又有《寄微之百韵》诗说：“唐昌玉蕊会，崇敬牡丹期。”自注：“崇敬寺牡丹花，多与微之有期。”又有《惜牡丹》诗说：“明朝风起应吹尽，夜惜衰红把火看。”《醉归盩厔》诗说：“数日非关王事系，牡丹花尽始归来。”元微之有《入永寿寺看牡丹》诗八韵，《和乐天秋题牡丹丛》三韵，《酬胡三咏牡丹》一绝句，又有五言二绝句。许浑也有诗说：“近来无奈牡丹何，数十千钱买一窠。”徐凝说：“三条九陌花时节，万马千车看牡丹。”又说：“何人不爱牡丹花，占断城中好物华。”既然如此，那么元、白并未没有写牡丹的诗，唐人也不是不看重牡丹啊！

张良无后

【原文】

张良、陈平，皆汉祖谋臣。良之为人，非平可比也。平尝曰：“我多阴谋，道家之所禁。吾世即废矣，以吾多阴祸也。”平传国至曾孙而以罪绝，如其言。然良之爵但能至子，去其死才十年而绝，后世不复绍封，其祸更促于平，何哉？予盖尝考之，沛公攻峣关，秦将欲连和，良曰：“不如因其懈怠击之。”公引兵大破秦军。项羽与汉王约中分天下，既解而东归矣。良有养虎自遗患之语，劝王回军追羽而灭之。此其事固不止于杀降也，其无后宜哉！

【译文】

张良、陈平，都是汉高祖的得力谋臣。张良的为人，并非陈平可以相比的。陈平曾经说：“我经常阴胜人，这是道家所禁忌的，所以我的后代就要灭绝了，因为我为后人种下了祸根啊！”果然，陈平传国到他的曾孙那里，便因罪而被废绝，正如他说的那样。然而张良的爵位，就只传到儿子，距他的死才十年，便被废除，后代也不再续封。张良家遭到灾祸的时间比陈平还快，这又是为什么呢？我曾考察过，沛公刘邦攻打峣关（今陕西商洛市西北） 时，秦国守将想要求和解，张良说：“不如趁他守备松懈的时候突然袭击。”沛公听了张良的话，打败了秦兵。项羽和汉王刘邦立约，平分天下，之后项羽就带兵东去彭城（今江苏徐州）了。刘邦也想回关中，张良说这是放虎归山后患无穷，劝汉王回兵追击项羽而灭掉他。这两件事，比诛杀降兵还缺德，他没有后代也是很正常的！

周亚夫

【原文】

周亚夫距吴、楚，坚壁不出。军中夜惊，内相攻击扰乱，至于帐下。亚夫坚卧不起。顷之，复定。吴奔壁东南陬，亚夫使备西北。已而果奔西北，不得入。汉史书之，以为亚夫能持重。按，亚夫军细柳时，天子先驱至，不得入。文帝称其不可得而犯。今乃有军中夜惊相攻之事，安在其能持重乎？

【译文】

周亚夫

周亚夫抗拒吴、楚，坚守阵地，长时间不出战。军队夜间受惊，内部相互攻击造成骚乱，一直扰乱到周亚夫的帐下。周亚夫躺着一动不动。过了一会儿，军营便安静下来。吴军攻打营垒的东南角，周亚夫命令严守西北角，一会儿吴军果然来攻西北，无功而返。《汉书》记载此事，认为周亚夫用兵持重，稳如泰山。想当初，周亚夫驻军在细柳（今陕西咸阳西南）时，皇帝的使者率先到达，但不允许进入军营。汉文帝称赞他不可犯。现在竟有军队夜间受惊互相攻击的事情，怎么能说他用兵老成持重呢？

秦用他国人

【原文】

七国虎争天下，莫不招致四方游士。然六国所用相，皆其宗族及国人，如齐之田忌、田婴、田文，韩之公仲、公叔，赵之奉阳、平原君，魏王至以太子为相。独秦不然，其始与之谋国以开霸业者，魏人公孙鞅也。

其它若楼缓赵人，张仪、魏冉、范雎皆魏人，蔡泽燕人，吕不韦韩人，李斯楚人。皆委国而听之不疑，卒之所以兼天下者，诸人之力也。燕昭王任郭隗、剧辛、乐毅，几灭强齐，辛、毅皆赵人也。楚悼王任吴起为相，诸侯患楚之强，盖卫人也。

【译文】

七国争雄天下，没有不广泛招揽四方贤才志士的。但六国所任用的相国，都是他们的宗族和本国人，如齐国的田忌、田婴、田文，韩国的公仲、公叔，赵国的奉阳君、平原君，魏王甚至任用太子当相国。唯有秦国不是这样做的，最初与秦国商讨大计、开创霸业的是魏国人公孙鞅。其他的像楼缓是赵国人，张仪、魏冉、范雎都是魏国人，蔡泽是燕国人，吕不韦是韩国人，李斯是楚国人。秦王将重托都托付给他们但没有丝毫怀疑，所以最终就取得了天下，便是这些人的力量。燕昭王任用郭隗、剧辛、乐毅，差点灭了强盛的齐国，剧辛、乐毅却都是赵国人。楚悼王任用吴起为相国，诸侯都惧怕楚国强起来，而吴起却是卫国人呀！

曹参　赵括

【原文】

汉高祖疾甚，吕后问曰："萧相国既死，谁令代之。"上曰："曹参可。"萧何事惠帝，病，上问曰："君即百岁后，谁可代君？"对曰："知臣莫若主。"帝曰："曹参何如？"曰："帝得之矣。"曹参相齐，闻何薨，告舍人趣治行，吾且入相。居无何，使者果召参。赵括自少时学兵法，其父奢不能难，然不谓善，谓其母曰："赵若必将之，破赵军者必括也。"后廉颇与秦相持，秦应侯行千金为反间于赵，曰："秦之所畏，独赵括耳。"赵王以括代颇将。蔺相如谏，王不听。括母上书言括不可使，王又不听。秦王闻括已为赵将，乃阴使白起代王龁，遂胜赵。曹参之宜为相，高祖以为可，惠帝以为可，萧何以为可，参自以为可，故汉用之而兴。赵括之不宜为将，其父以为不可，母以为不可，大臣以为不可，秦王知之，相应侯知之，将白起知之，独赵王以为可，故用之而败。呜呼！将相安危所系，可不监哉！且秦以白起易王龁，而赵乃以括代廉颇，不待于战，而胜负之形见矣。

【译文】

汉高祖病重，吕后问："萧相国死后，有谁可以接替他？"汉高祖说："曹参可以。"萧何辅佐汉惠帝，病重时，惠帝问："你如果不幸仙逝，谁可以接替你？"萧何回答说："没有比陛下更了解臣子的了。"惠帝又问："曹参怎么样？"萧何说："皇帝已经找到最合适的人选了。"曹参当时正任齐国相国，听说萧何死了，马上吩咐手下人准备行装，说我要入朝当丞相了。不久，朝廷使者果然来召曹参进京做丞相。赵括从小就学习兵法，就是他的父亲赵奢也难不倒他，但父亲不认为他学得好。赵奢对赵括的母亲说："赵国如果一定要让他做大将，葬送赵国大军的必定是他。"其后，廉颇与秦军在长平（今山西高平西北）对垒，秦国的应侯范雎，用一千两黄金到赵国行反间计，说："秦国所惧怕的，只有赵括。"赵王信以为真，便用赵括代替廉颇。蔺相如强撑着病体劝阻，赵王不听。赵括的母亲上书赵王，说赵括不能做大将，赵王又不听。秦王听说赵括已经当了赵国的大将，于是秘密地让白起代替王龁任主将，不久便打败赵国，取得了重大胜利。曹参适合当相国，高祖认为可以胜任，惠帝认为可以胜任，萧何认为可以胜任，曹参自认为可以胜任，所以汉朝用了他，就兴盛起来。赵括不适合做大将，他父亲知道，母亲知道，大臣知道，秦王知道，秦国的相国应侯知道，大将白起知道，只有赵王不知道，所以用了他结果遭到惨败。唉！将相关系着国家的安危，能不慎重吗！再说秦国用白起代替王龁，而赵国用赵括代替廉颇，所以不用等到战争开始，胜败的形势，就已经很明显了。

曹参

忠恕违道

【原文】

曾子曰："夫子之道，忠恕而已矣。"《中庸》曰："忠恕违道不远。"学者疑为不同。伊川云："《中庸》恐人不喻，乃指而示之近。"又云："忠恕固可以贯道，子思恐人难晓，故降一等言之。"又云："《中庸》以曾子之言虽是如此，又恐人尚疑忠恕未可便为道，故曰违道不远。"游定夫云："道一而已，岂参彼此所能豫哉！此忠恕所以违道，为其未能一以贯之也。虽然，欲求入道者，莫近于此，此所以违道不远也。"杨中立云："忠恕固未足以尽道，然而违道不远矣。"侯师圣云："子思之忠恕，施诸己而不愿，亦勿施于人。此已是违道。若圣人，则不待施诸已而不愿，然后勿施诸人也。"诸公之说大抵不同。予（切）［窃］以为道不可名言，既丽于忠恕之名，则为有迹，故曰违道。然非忠恕二字亦无可以明道者，故曰不远。非谓其未足以尽道也。违者，违去之谓，非违畔之谓。老子曰："上善若水，水善利万物而不争，处众人之所恶，故几于道。"苏子由解云："道无所不在，无所不利，而水亦然。然而既已丽于形，则于道有间矣，故曰几于道。然而可名之善，未有若此者，故曰上善。"其说与此略同。

【译文】

曾子说："孔夫子的道义，概括起来只有忠、恕二字而已。"《中庸》说："忠恕距离道的本源不远。"学者们怀疑这两种说法不同。伊川先生程颐说："《中庸》害怕别人不懂得其中的道理，才特意说忠恕接近道的本源。"又说："忠恕固然可以贯穿道义，子思怕人不明白里面的意思，所以才降一等来解释。"又说："《中庸》认为虽然曾子说过孔夫子的道义说概括起来只有忠恕二字，但是

老 子

还担心人们怀疑它不是道的本源，所以说离道不远。”游定夫说：“道的本源只有一个，岂能用比较来确定！忠恕之所以离道本源不远，是因为它不能一以贯之。尽管如此，但是想学道的，没有比这更接近的途径了，所以说它离本源不远。”杨中立说：“忠恕固然不足以概括全部的道，然而它距离道的本源不远了。”侯师圣说：“子思讲的忠恕，是指加在自己身上不愿接受的，也不能加在别人身上。这就已经脱离了道的本源。如果是圣人，就不会等到加给自己不愿意，而后才不加给别人。”这些人的说法不尽相同。我自以为道不应该用某上名称来说明，既然把道的本源，加上忠恕的名称，就是有了痕迹，所以说它离开了本源。然而脱离了忠恕二字，也就无法阐明道，所以说它距离道不远。并不是说它不足以概括道的本质。违是指离去，而不是指背叛。老子说：“最高的善就像水，水能使万物得利却不争功，停留在众人不喜欢的地方，所以说它最接近道。”苏子由解释说：“道无所不在，对什么都有利，水也是这样。然而它已有了形迹，因而和道还是不一样的，所以说它近于道。然而要找一个妥当的名称，却没有一个能超过忠恕的，所以说最高的善就像水那样。”这种观点和我的看法基本相同。

汉采众议

【原文】

汉元帝时，珠崖反，连年不定。上与有司议大发军，待诏贾捐之建议，以为不当击。上以问丞相、御史，御史大夫陈万年以为当击，丞相于定国以为捐之议是，上从之，遂罢珠崖郡。匈奴呼韩邪单于既事汉，上书愿保塞上谷以西，请罢边备塞吏卒，以休天子人民。天子令下有司议，议者皆以为便，郎中侯应习边事，以为不可许。上问状，应对十策，有诏勿议罢边塞事。成帝时，匈奴使者欲降，下公卿议，议者言宜如故事受其降。光禄大夫谷永以为不如勿受，天子从之。使者果诈也。哀帝时，单于求朝，帝欲止之，以问公卿，亦以为虚费府帑，可且勿许。单于使辞去。黄门郎扬雄上书谏，天子寤焉，召还匈奴使者，更报单于书而许之。安帝时，大将军邓骘欲弃凉州，并力北边，会公卿集议，皆以为然。郎中虞诩陈三不可，乃更集四府，皆从诩议。北匈奴复强，西域诸国既绝于汉，公卿多以为宜闭玉门关绝西域。邓太后召军司马班勇问之，勇以为不可，于是从勇议。顺帝时，交阯蛮叛，帝召公卿百官及四府掾属，问以方略，皆议遣大将发兵赴之，议郎李固驳之，乞选刺史太守以往，四府悉从固议，岭外复平。灵帝时，凉州兵乱不解，司徒崔烈以为宜弃，诏会公卿百官议之，议郎傅燮以为不可，帝从之。此八事者，所系利害甚大，一时公卿百官既同定议矣，贾捐之以下八人，皆以郎、大夫之微，独陈异说。汉元、成、哀、安、顺、灵皆非明主，悉能违众而听之，大臣无贤愚亦不复执前说，盖犹有公道存焉。每事皆能如是，天下其有不治乎？

【译文】

汉元帝时，珠崖（治今海南海口市琼山区东南）叛变，几年都平定不了。皇帝和大臣商议，准备发军进行平反，待诏贾捐之建议，认为不应当派兵攻打。皇帝便询问丞相和御史，御史大夫陈万年认为应当攻打，丞相于定国认为贾捐之的建议很正确，皇帝最终决定攻打叛军，于是撤消了珠崖郡。匈奴呼韩邪单于归附汉朝后，上书说愿意保卫汉朝上谷（今河北怀来县东南） 以西的边塞，请求将守边的汉朝军队撤走，以便人民能够休养生息。皇帝命令大臣们商议，大家都以为可行。郎中侯应非常熟悉边疆情况，认为不应该这样做。皇帝询问情况，侯应提出了十条不能答应的理由，皇帝于是下诏命令百官不要再谈撤掉边备的事。汉成帝时，匈奴派使者请求投降，皇帝让大臣们商议，讨论后大臣们认为应该向以前那样接受匈奴投降。光禄大夫谷永以为不可答应，皇帝采纳了谷永的意见。匈奴使者果然是诈降。汉哀帝时，匈奴单于要求朝见皇帝，皇帝不想答应，便征求大臣的意见，大臣们认为这样做只会使国家浪费钱财，不宜答应。单于使臣便走了。黄门郎扬雄上书劝谏，皇帝醒悟过来，马上召回匈奴使臣，重新写了回复单于的诏书，答应了单于的请求。汉安帝时，大将军邓骘想放弃凉州（治今甘肃张家川），以便集中力量防守北部边境。朝廷召集公卿商议，大家都以为可行，郎中虞诩陈述了三条意见，认为不能放弃。于是又召集丞相、御史、车骑将军、前将军四府商议，众人都同意虞诩的建议。北匈奴再度强盛，西域诸国和汉朝将关系断绝，大臣们多数主张关闭玉门关（今甘肃敦煌市西北小方盘城），与西域断绝交往。邓太后召来军司马班勇，询问他的意见，班勇以为不应当闭关，于是朝廷采纳了班勇的意见。汉顺帝时，交阯（今越南河内一带） 蛮反叛，皇帝召集公卿百官和四府的僚属商讨对策，大臣大都认为应派兵前去征伐，议郎李固持不同意见，要求选派称职的刺史太守前去安抚，四府都听从了李固的意见，岭南不久又安定下来。汉灵帝时，凉州军士骚乱不止，司徒崔烈认为应该放弃，朝廷于是召集公卿百官商议，议朗傅燮认为不能放弃，皇帝听从了傅燮的建议。这八件事，都关系到国家的安危，当时公卿百官都是一致意见，而贾捐之等八人，都是郎、大夫一类的小官，却能有反对意见。汉元帝、成帝、哀帝、安帝、顺帝、灵帝都不是英明的皇帝，却都能够力排众议，听取正确意见，大臣们不论贤愚，也不再固执己见，这都说明当时公道尚存。如果每件事都能这样，那么天下还会难治理吗？

汉　母　后

【原文】

汉母后预政，不必临朝及少主，虽长君亦然。文帝系周勃，薄太后曰：“绛侯绾皇帝玺，将兵于北军，不以此时反，今居一小县，顾欲反邪？”帝谢曰：“吏方验而出之。”遂赦勃。吴、楚反诛，景帝欲续之，窦太后曰：“吴王老人也，宜为宗室顺善，今乃首乱天下，奈何续其后！”不许吴，许立楚后。郅都害临江王，窦太后怒，会匈奴中都以汉法。帝曰：“都忠臣。”欲释之。后曰：“临江王独非忠臣乎？”于是斩都。武帝用王臧、赵绾，太皇窦太后不悦儒术，绾请（母）［毋］奏事东宫，后大怒，求得二人奸利事以责上，上下绾、臧吏，杀之。窦婴、田蚡廷辩，王太后大怒不食，曰：“我在也，而人皆藉吾弟，且帝宁能为石人邪！”帝不直蚡，特为太后故杀婴。韩嫣得幸于上，江都王为太后泣，请得入宿卫比嫣，后繇此衔嫣，嫣以奸闻，后使使赐嫣死。上为谢，终不能得。成帝幸张放，太后以为言，帝常涕泣而遣之。

【译文】

汉朝母后干预朝政，不一定要亲自临朝或者是在皇帝年幼不能理政之时，即使是成年的皇帝在位也可以干预朝政。汉文帝将周勃投入监狱，薄太后说：“绛侯周勃以前掌握着皇帝玺绶，在北军做大将军，他不在那时造反，今天只拥有一小县，反而要造反吗？”文帝告罪说：“等到官吏核实情况后就将他释放。”遂即赦免了周勃。吴、楚国王因为谋反被杀，景帝想续封他们的后代为王，窦太后说：“吴王是国家长辈，应当成为宗室的表率，现在却谋反叛乱危害国家，怎么能续封他的后代呢！”不答应续封吴国，而答应给楚国立后。郅都害死临江王，窦太后非常恼怒，因匈奴事用汉法判处郅都死罪。景帝说：“郅都是忠臣啊！”想赦免他。窦太后说：“临江王就不是忠臣吗？”于是景帝便下令处死郅都。武帝任用王臧、赵绾，窦太后不喜欢儒家学说，赵绾奏请不要向东宫禀报事情，窦太后大怒，访查到王、赵二人的违法事情，责问武帝；武帝只好把王臧、赵绾交给司法官吏，最终将两人处死。窦婴、田蚡在朝廷辩论曲直，王太后大怒，不吃不喝，说：“我还健在，人们就欺侮我的弟弟，难道皇帝就甘心当石头人吗？”武帝本来认为田蚡不对，特别顾虑太后的缘故，才杀掉窦婴。韩嫣为武帝所宠爱，江都王对太后哭泣，要求和韩嫣一样宿卫皇宫。太后因此深恨韩嫣。韩嫣的奸情暴露出来，太后便派人赐韩嫣死罪。皇帝为韩嫣求情，最终也未能赦免。成帝宠爱张放，太后提出意见，成帝时常哭泣而赶走了她。

周　勃

戾　太　子

【原文】

戾太子死，武帝追悔，为之族江充家，黄门苏文助充谮太子，至于焚杀之。李寿加兵刃于太子，亦以它事族。田千秋以一言至为丞相，又作思子宫，为归来望思之台。然其孤孙囚系于郡邸，独不能释之，至于掖庭令养视而不问也，岂非汉法至严，既坐太子以反逆之罪，虽心知其冤，而有所不赦者乎？

【译文】

戾太子死后，汉武帝追悔不及，为了他诛灭了江充全族。黄门苏文曾帮助江充诋毁太子，武帝将他活活地烧死。李寿直接攻杀太子，也以其他事情而被灭族。田千秋因为一句话，就当了丞相。武帝又建造思子宫，并修筑归来望思台。但是他的孤孙病已（戾太子之子，即位后改名为询）被囚禁在郡狱，却不能释放，以至由掖庭令养护他，而武帝却不管不问。岂不是汉朝法令过严，既已叛处戾太子叛逆罪名，虽然知道太子是被冤枉的，但是也不敢赦免吗？

和归去来

【原文】

今人好和《归去来词》，予最敬晁以道所言。其《答李持国书》云："足下爱渊明所赋《归去来辞》，遂同东坡先生和之，仆所未喻也。建中靖国间，东坡和《归去来》，初至京师，其门下宾客从而和者数人，皆自谓得意也，陶渊明纷然一日满人目前矣。参寥忽以所和篇示予，率同赋，予谢之曰：'童子无居位，先生无并行，与吾师共推东坡一人于渊明间可也。'参寥即索其文，袖之出，吴音曰：'罪过公，悔不先与公话。'今辄以厚于参寥者为子言。"昔大宋相公谓陶公《归去来》是南北文章之绝唱，《五经》之鼓吹。近时绘画《归去来》者，皆作大圣变，和其辞者，如即事遣兴小诗，皆不得正中者也。

【译文】

现今的人喜欢和《归去来辞》，我最佩服晁以道所说的话。他的《答李持国书》说："先生喜欢陶渊明所作的《归去来辞》，遂与东坡先生和它，这我就不明白了。徽宗建中靖国年间，苏东坡有《和归去来辞》，最初来到京城，他的门下宾客，同他和歌的数人中，都自以为作的很好，真是一日之间满眼都是陶渊明的踪影了。参寥忽然把他和的篇章让我看，大略和赋一样，我告诉他说：'童子不敢占据高位，先生面前不敢同行，我和大师共同推举东坡先生到陶渊明的行列里就行了。'参寥就把他的文章要了回去，装在袖里走了，并且用吴语说：'对不起先生，我后悔没有和先生早打招呼。'现在我把爱重参寥的话对先生说。"旧时大宋相公庠称陶渊明《归去来》是南北文章的绝唱，《五经》的传播者。近来画《归去来》的，都画成了大圣变；和陶公词的，像是随事遣兴的小诗，这些都是违背了原意的。

陶渊明

李太白

【原文】

世俗多言李太白在当涂采石，因醉泛舟于江，见月影俯而取之，遂溺死，故其地有捉月台。予按李阳冰作《太白草堂集序》云："阳冰试弦歌于当涂，公疾亟，草稿万卷，手集未修，枕上授简，俾为序。"又李华作《太白墓志》亦云："赋《临终歌》而卒。"乃知俗传良不足信，盖与谓杜子美因食白酒牛炙而死者同也。

【译文】

民间多流传李白在当涂采石矶（今安徽马鞍山市西南长江东岸）时，因为醉酒而在江上泛舟，见到水中月亮的影子，俯身去捞取，于是淹死在水中，所以在这里有捉月台这个地方。我考察李阳冰作《太白草堂集序》说："我任当涂县令时，太白病重，有草稿一万卷，还没有修订，在床上授给我，让我作序。"又有李华作的《太白墓志》里也说："太白写《临终歌》而死。"才知道社会上所传，实在不能相信。大概所谓的说杜子美因吃了白酒、牛肉，饱胀而死，是同样的不可相信。

太白雪谗

【原文】

李太白以布衣入翰林，既而不得官。《唐史》言高力士以脱靴为耻，摘其诗以激杨贵妃，为妃所沮止。今集中有《雪谗诗》一章，大率载妇人淫乱败国，其略云："彼妇人之猖狂，不如鹊之强强。彼妇人之淫昏，不如鹑之奔奔。坦荡君子，无悦簧言。"又云："妲己灭纣，褒女惑周。汉祖吕氏，食其在傍。秦皇太后，（毒）[毐] 亦淫荒。螮蝀作昏，遂掩太阳。万乘尚尔，匹夫何伤。词殚意穷，心切理直。如或妄谈，昊天是殛。"予味此诗，岂非贵妃与禄山淫乱，而白曾发其奸乎？不然，则"飞燕在昭阳"之句，何足深怨也？

【译文】

李白以平民的身份进入翰林院，后来没有得到官职。《唐书》说高力士以给李白脱靴为耻辱，便摘取李白诗句，激怒杨贵妃，为此杨贵妃便阻止他任职。现在李白集中有《雪谗诗》一章，大致是讲妇人淫乱败坏国政，内容是："彼妇人之猖狂，不如鹊之强强。彼妇人之淫昏，不如鹑之奔奔。坦荡君子，无悦簧言。"又说："妲己灭纣，褒女惑周。汉祖吕氏，食其在傍。秦皇太后，毒（毐）亦淫荒。螮蝀作昏，遂掩太阳。万乘尚尔，匹夫何伤。词殚意穷，心切理直。如或妄谈，昊天是殛。"我体味此诗，莫非杨贵妃与安禄山私通淫乱，李白曾揭发过他们的丑事吗？否则的话，一个"飞燕在昭阳"这样的句子，值得杨贵妃如此怨恨吗？

李　白

商　颂

【原文】

宋自微子至戴公，礼乐废坏。正考甫得《商颂》十二篇于周之太师，后又亡其七，至孔子时，所存才五篇尔。宋，商王之后也，于先代之诗如是，则其它可知。夫子所谓“商礼吾能言之，宋不足征也”，盖有叹于此。杞以夏后之裔，至于用夷礼，尚何有于文献哉！　郯国小于杞、宋，少昊氏远于夏、商，而凤鸟名官，郯子枚数不忘，曰：“吾祖也，我知之。”其亦贤矣。

【译文】

宋国从微子到戴公，礼乐全都败坏了。正考甫从周太师那里得到十二篇《商颂》，后来又丢掉了七篇，到孔子时，所存留只剩了五篇。宋国是商王的后代，对于先代的诗章这样轻视，那么对于其他的诗章也就可想而知了。孔子所说的，“商代的礼制我能够说出来，但宋国就不足以验证了”，大概就是慨叹这点。杞国是夏朝的后代，却使用夷狄的礼节，尚且还能说什么文献呢！郯国比杞国、宋国都小，少昊氏又远过夏代、商代，而用凤鸟为官名，郯君却历数不忘，说：“这是我祖先的制度，我都知道。”他表现出了贤能的本质。

汉昭、顺二帝

【原文】

汉昭帝年十四能察霍光之忠，知燕王上书之诈，诛桑弘羊、上官桀，后世称其明。然和帝时，窦宪兄弟专权，太后临朝，共图杀害。帝阴知其谋，而与内外臣僚莫由亲接，独知中常侍郑众不事豪党，遂与定议诛宪，时亦年十四，其刚决不下昭帝，但《范史》发明不出，故后世无称焉。顺帝时，梁商为大将军辅政，商以小黄门曹节用事于中，遣子冀与交友，而宦官忌其宠，反欲害之。中常侍张逵、蘧政、杨定等，与左右连谋，共谮商及中常侍曹腾、孟贲，云欲议废立，请收商等按罪。帝曰："大将军父子我所亲，腾、贲我所爱，必无是，但汝曹共妒之耳。"逵等知言不用，遂出矫诏收缚腾、贲。帝震怒，收逵等杀之，此事尤与昭帝相类。霍光忠于国，而为子禹覆其宗，梁商忠于国，而为子冀覆其宗，又相似。但顺帝复以政付冀，其明非昭帝比，故不为人所称。

【译文】

汉昭帝十四岁就能够察觉霍光的忠诚，知道燕王上书的欺诈，诛杀桑弘羊、上官桀，后代称赞他英明果断。然而汉和帝时，窦宪兄弟专权，太后垂帘听政，共同图谋害帝。和帝暗中了解到他们的阴谋，但和内外大臣不能接近，只知道中常侍郑众不巴结豪门奸党，于是与郑众定计，准备杀掉窦宪，当时也是十四岁，他的刚毅果断不亚于昭帝。但范晔《后汉书》没有指出这一点，所以后代没有什么称赞的言词。汉顺帝时，梁商以大将军的身份辅佐政事，他看到小黄门曹节侍候皇帝，很受宠信，于是就派儿子梁冀和他交朋友，但宦官们忌妒他们得到皇帝恩宠，想加害于他们。中常侍张逵、蘧政、杨定等，与皇帝左右的人共同策划诬蔑梁商及中常侍曹腾、孟贲，说他们想另立皇帝，要求逮捕梁商等治罪。顺帝说："大将军父子是我所亲近的，曹腾、孟贲是我所喜欢的，他们必定不会做出这种事，只不过是你们忌妒他们罢了。"张逵等知道顺帝不听他们的话，就假托皇帝的诏命逮捕曹腾、孟贲。顺帝大怒，马上把张逵等抓起来处以死刑，此事与昭帝的作法极其相似。霍光忠于国家，却因为儿子霍禹的罪恶被灭了族，梁商忠于国家，却因为儿子梁冀的罪恶被灭了族，这事又极为相似。但顺帝后来又把政事交付给梁冀，表明他的英明不能和昭帝相比，所以不被后人称道。

三女后之贤

【原文】

王莽女为汉平帝后，自刘氏之废，常称疾不朝会。莽敬惮伤哀，欲嫁之，后不肯，及莽败，后曰："何面目以见汉家。”自投火中而死。杨坚女为周宣帝后，知其父有异图，意颇不平，形于言色，及禅位，愤惋愈甚。坚内甚愧之，欲夺其志，后誓不许，乃止。李昪女为吴太子琏妃，昪既篡吴，封为永兴公主，妃闻人呼公主，则流涕而辞。三女之事略同，可畏而仰，彼为其父者，安所置愧乎？

【译文】

王莽的女儿是汉平帝的皇后，自从父亲废汉自立以来，她常常托病不参加朝政。王莽对她既敬畏又爱怜，想让她再嫁，但她坚决不答应。等到王莽败亡以后，她说：“我有什么脸面去见汉家皇帝呢！”自己跳入火中烧死了。杨坚的女儿作为周宣帝皇后以后，知道杨坚有篡夺皇位的阴谋，很不赞成，常在言谈举止中表现出来，等到杨坚篡位，她更加愤恨。杨坚感到很惭愧，想让她改变初衷，她发誓绝不答应，杨坚只得作罢。李昪的女儿是吴国太子琏的妃子，李昪篡夺了吴国的王位后，封她为永兴公主，她每次听到别人称她公主，就流着泪制止。这三个女子的事迹大略相同，可畏可敬，那些做父亲的，难道不感到羞愧吗？

张九龄作牛公碑

【原文】

张九龄为相，明皇欲以凉州都督牛仙客为尚书，执不可，曰：“仙客河湟一使典耳，擢自胥史，目不知书，陛下必用仙客，臣实耻之。”帝不悦，因是遂罢相。观九龄集中，有《赠泾州刺史牛公碑》，盖仙客之父，誉之甚至，云：“福善莫大于有后，仙客为国之良，用商君耕战之国，修充国羌胡之具，出言可复，所计而然，边捍长城，主恩前席。”正称其在凉州时，与所谏止尚书事，亦才一年，然则与仙客非有夙嫌，特为公家忠计耳。

【译文】

张九龄任宰相，唐明皇想任命凉州都督牛仙客为尚书，张九龄坚决不同意，说："牛仙客只是河湟地区的一个使典罢了，从小吏提拔上来，又没有什么学识文采，陛下一定要用牛仙客为尚书，我实在感到耻辱。"唐明皇不高兴，因此就免去了张九龄的宰相职务。我看到张九龄的文集中，有《赠泾州刺史牛公碑》，大概是记牛仙客的父亲，评价很高，说："福善莫过于有好的后代，仙客是国家的贤臣，用商鞅奖励耕战的政策，实行赵充国治服胡羌的方略，言必行，行必果，谋划都能成功，捍卫长城，皇恩隆重，朝廷对他十分器重。"正是记牛仙客在凉州时的作为，距离张九龄拦阻他任尚书的日子，相差才一年，可见张九龄并不是与牛仙客有什么夙怨，而是为国家尽忠罢了。

唐人告命

【原文】

唐人重告命，故颜鲁公自书告身，今犹有存者。韦述《集贤注记》记一事尤著，漫载于此："开元二十三年七月，制加皇子荣王已下官爵，令宰相及朝官工书者，就集贤院写告身以进，于是宰相张九龄、裴耀卿、李林甫，朝士萧太师嵩、李尚书暠、崔少保琳、陈黄门希烈、严中书挺之、张兵部均、韦太常陟、褚谏议庭诲等十三人，各写一通，装缥进内，上大悦，赐三相绢各三百匹，余官各二百匹。"以《唐书》考之，是时，十三王并授开府仪同三司，诏诣东宫、尚书省，上日百官集送，有司供帐设乐，悉拜王府官属，而不书此事。

【译文】

唐人最看重告身（即委任官职的凭证），所以颜真卿自己书写的告身，至今还有保存。韦述《集贤注记》记载的一件事特别清楚，我随手记在这里："唐玄宗开元二十三年（735）七月，朝廷封皇子荣王以下官员的官爵，命令宰相和朝中官员擅长书法的，去集贤院书写告身呈上，于是宰相张九龄、裴耀卿、李林甫，朝官太师萧嵩、尚书李暠、少保崔琳、黄门陈希烈、中书严挺之、兵部侍郎张均、太常韦陟、谏议大夫褚庭诲等十三人，各写一道，装裱进上，玄宗大为欣喜，赐给三位宰相绢各三百匹，其余官员各二百匹。”以《唐书》的记载来考证，知道当时十三王都授予开府仪同三司，皇帝诏令他们去东宫、尚书省，那天百官集体恭送，有关官员设帷帐奏音乐，都任命为王府的官属，但书里并没有记载此事。

张浮休书

【原文】

张芸叟《与石司理书》云：“顷游京师，求谒先达之门，每听欧阳文忠公、司马温公、王荆公之论，于行义文史为多，唯欧阳公多谈吏事。既久之，不免有请：‘大凡学者之见先生，莫不以道德文章为欲闻者，今先生多教人以吏事，所未谕也。’公曰：‘不然。吾子皆时才，异日临事，当自知之。大抵文学止于润身，政事可以及物。吾昔贬官夷陵，方壮年，未厌学，欲求《史》《汉》一观，公私无有也。无以遣日，因取架阁陈年公案，反覆观之，见其枉直乖错，不可胜数，以无为有，以枉为直，违法徇情，灭亲害义，无所不有。且夷陵荒远褊小，尚如此，天下固可知也。当时仰天誓心曰：自尔遇事不敢忽也。’是时苏明允父子亦在焉，尝闻此语。”又有答《孙子发书》，多论《资治通鉴》，其略云：温公尝曰：“吾作此书，唯王胜之尝阅之终篇，自余君子求乞欲观，读未终纸，已欠伸思睡矣。书十九年方成，中间受了人多少语言陵藉”云云。此两事，士大夫罕言之，《浮休集》百卷，无此二篇，今豫章所刊者，附之集后。

【译文】

张芸叟的《与石司理书》上说：“最近到京城，想求拜见前辈官员，常听文忠公欧阳修、温国公司马光、荆国公王安石等人的议论，在道德文章方面为多，只有欧阳公多讲居官的事情。时间久了，不免请教于他说：‘凡是读书

司马光

人来见先生，没有不想听道德文章的，现在先生教人最多的是居官的道理，这是我不明白的。’欧阳公说：‘不是这样。你们都是现时的人才，以后做官理政，就自然会明白了。大凡文学只能使自己光彩，政事可以影响事物。我过去贬官到夷陵（今湖北宜昌市），正在壮年，还并没有讨厌读书学习，想找《史记》《汉书》看看，公家私人都没有。无法打发日子，因此去取架上的旧案卷宗，反复阅读，发现里边冤假错案，数不胜数，把理屈作为理直的，违反法律徇私情的，害死亲人破坏道义的，无所不有。而且夷陵是个荒僻的小县，尚且这样，整个国家也就可想而知了。当时我对天发誓说：从此处理政事，不敢疏忽大意。’当时苏明允（洵）父子也在座，曾听到这话。”还有《答孙子发书》，多谈论《资治通鉴》，大略说：司马温公曾说：“我著此书，只有王胜之读完过，其余众官员找此书想看，一页都没有读完，就打哈欠伸懒腰想睡觉了。这书经过十九年才写成，中间受到了多少人的语言糟踏。”这两件事，士大夫很少谈到，《浮休集》一百卷，没有这两篇，现在豫章（治今江西南昌市）刊刻的《浮休集》，把它们附在了后面。

温公客位榜

【原文】

司马温公作相日，亲书榜稿揭于客位，曰：“访及诸君，若睹朝政阙遗，庶民疾苦，欲进忠言者，请以奏牍闻于朝廷，光得与同僚商议，择可行者进呈，取旨行之。若但以私书宠谕，终无所益。若光身有过失，欲赐规正，即以通封书简分付吏人，令传入，光得内自省讼，佩服改行。至于整会官职差遣、理雪罪名，凡干身计，并请一面进状，光得与朝省众官公议施行。若在私第垂访，不请语及。某再拜咨白。”乾道九年，公之曾孙伋出镇广州，道过赣，获观之。

【译文】

温国公司马光当宰相的时候，亲自写了一篇文告张贴在客人坐的地方，文告写道："来访的诸君，如看到朝廷政事有失误遗漏，百姓疾苦，想提出忠恳意见的，请用书策上奏给朝廷，我和同僚们商议，选择可以施行的进呈给皇帝，经皇帝批准，即刻施行。如果只是说情的私信，最后也不会有什么好的结果。如果我自身有错误，不吝赐正，就用全封书信交给吏员，让他们给我，我用心考虑，认真改过。至于处理官职的委派、平反罪名等，凡牵涉到自身的，都请送来状纸，我和朝里众官商议施行。如果是到我家私访，请不要来谈。司马光敬作说明。"宋孝宗乾道九年（1173），温公的曾孙司马伋去广州做官，路过赣州（今属江西），所以我看到了这个榜文。

马融　皇甫规

【原文】

汉顺帝时，西羌叛，遣征西将军马贤将十万人讨之。武都太守马融上疏曰："贤处处留滞，必有溃叛之变。臣愿请贤所不用关东兵五千，裁假部队之号，尽力率厉，三旬之中必克破之。"不从。贤果与羌战败，父子皆没，羌遂寇三辅，烧园陵。诏武都太守赵冲督河西四郡兵追击。安定上计掾皇甫规上疏曰："臣比年以来，数陈便宜：羌戎未动，策其将反；马贤始出，知其必败。愿假臣屯列坐食之兵五千，出其不意，与冲共相首尾。土地山谷，臣所晓习，可不烦方寸之印、尺帛之赐，可以涤患。"帝不能用。赵冲击羌不利，羌寇充斥，凉部震恐，冲战死，累年然后定。案马融、皇甫规之言晓然易见，而所请兵皆不过五千，然讫不肯从，乃知宣帝纳用赵充国之册为不易得，所谓明主可为忠言也。

【译文】

汉顺帝时，西羌反叛，朝廷派征西将军马贤率领十万大军去讨伐。武都太守马融上书说："马贤处处留滞，行动迟缓，军营必定会发生反叛的变故。我愿率领马贤所不用的五千名关东兵，假借一个军队番号，尽力以身作则鼓励他们，一个月以内，必定攻破敌军。"朝廷不接受。马贤果然被羌人打败，父子死在战场，西羌乘势骚扰关中地方，焚烧汉帝陵园。顺帝下诏命武都太守赵冲率领河西四郡兵马追击。安定上计掾皇甫规上书说："我近年以来，屡次上书谈边疆事宜：西羌还没有起兵，我就已经怀疑他们要造反了；马贤刚刚出兵，我就知道他一定失败。请朝廷给我屯守坐食之兵五千人，出其不意，与赵冲前后夹击。这一带的山川地势，我都熟悉，不必赐给我印绶和布帛，就可以清除边患。"顺帝还是不答应。赵冲果然失利，羌人大规模集结，西凉受到震动，赵冲也不幸战死，又经过几年西羌才被平定。我认为马融、皇甫规的意见显而易见是正确的，他们要的兵又都不超过五千，然而汉顺帝却始终不肯答应，由此才知道汉宣帝能完全采用赵充国的计策，真是难得，这就是所谓的只有对英明的皇帝才能进献忠言啊！

翰苑亲近

【原文】

白乐天《渭村退居寄钱翰林诗》，叙翰苑之亲近云："晓从朝兴庆，春陪宴柏梁。……分庭皆命妇，对院即储皇。贵主冠浮动，亲王辔闹装。金钿相照耀，朱紫间荧煌。球簇桃花骑，歌巡竹叶觞。洼银中贵带，昂黛内人妆。赐禊东城下，颁酺曲水傍。樽罍分圣酒，妓乐借仙倡。"盖唐世宫禁与外廷不至相隔绝，故杜子美诗："户外昭容紫袖垂，双瞻御座引朝仪。"又云："舍人退食收封事，宫女开函近御筵。"而学士独称内相，至于与命妇分庭，见贵主冠服、内人黛妆，假仙倡以佐酒，它司无比也。

【译文】

白乐天的《渭村退居寄钱翰林》一诗，叙述翰林院与皇宫的亲近说："晓从朝兴庆，春陪宴柏梁。……分庭皆命妇，对院即储皇。贵主冠浮动，亲王辔闹装。金钿相照耀，朱紫间荧煌。球簇桃花骑，歌巡竹叶觞。洼银中贵带，昂黛内人妆。赐禊东城下，颁酺曲水傍。樽罍分圣酒，妓乐借仙倡。"大概唐朝宫中并没有和外界相隔绝，

白居易

所以杜子美的诗说："户外昭容紫袖垂，双瞻御座引朝仪。"又说："舍人退食收封事，宫女开函近御筵。"但只有学士才能称为内相，至于和贵夫人对坐，见公主冠服、宫女妆容，用宫伎陪酒，别的衙门是比不上的。

送孟东野序

【原文】

韩文公《送孟东野序》云："物不得其平则鸣。"然其文云："在唐、虞时，咎陶、禹其善鸣者，而假之以鸣。夔假于《韶》以鸣，伊尹鸣殷，周公鸣周。"又云："天将和其声，而使鸣国家之盛。"然则非所谓不得其平也。

【译文】

韩愈的《送孟东野序》说："事物不平则鸣。"然而他在文中却说："在唐尧、虞舜时代，皋陶和禹是最善于鸣叫的，所以君主就借助他们鸣叫。舜的大臣夔借助《韶乐》鸣叫，殷朝凭借伊尹鸣叫，周朝凭借周公鸣叫。"又说："上天将和其声，而让他们高歌国家的昌盛。"那么从这些例证看，鸣叫并不一定是事物不平才鸣叫的啊！

晋 文 公

【原文】

晋公子重耳自狄适他国凡七，卫成公、曹共公、郑文公皆不礼焉，齐桓公妻以女，宋襄公赠以马，楚成王享之，秦穆公纳之，卒以得国。卫、曹、郑皆同姓，齐、宋、秦、楚皆异姓，非所谓"岂无他人，不如同姓"也。晋文公卒未葬，秦师伐郑灭滑，无预晋事，晋先轸以为秦不哀吾丧，而伐吾同姓，背秦大惠，使襄公墨衰绖而伐之。虽幸胜于殽，终启焚舟之战，两国交兵，不复修睦者数百年。先轸是年死于狄，至孙縠而诛灭，天也。

【译文】

春秋时，晋国的公子重耳因国内动乱自狄逃跑，历经七个国家，卫成公、曹共公、郑文公对他都不以礼相待，而齐桓公把自己的女儿许配给他，宋襄公赠给他马匹，楚成王设宴招待他，秦国穆公接纳他，最后重耳终于在秦军的帮助下回国做了国君，这就是晋文公。卫国、曹国、郑国的国君与重耳都是同姓，齐国、宋国、秦国、楚国的国君却都是异姓。同姓之国对他都不以礼相待，异姓国却能做到这一点，可见"异姓不如同姓"的说法是错误的。晋文公死后还没有埋葬的时候，秦国军队就征伐郑国，回军途中又顺便灭掉了滑国，这本来与晋国无关，晋国大臣先轸却认为秦国竟然在晋国大丧之际，不派人来吊唁，反而讨伐其同姓国，因此背弃了秦国以前的恩惠，让晋襄公身着孝服讨伐秦国。此战，虽然晋国侥幸在崤山打败秦军，但从此以后两国关系恶化，长期处于战争状态，这种状况持续了数百年。这一年，先轸在与狄人交战中阵亡，到他的孙子縠时，全家都被诛灭，真是天意啊！

南夷服诸葛

【原文】

蜀刘禅时，南中诸郡叛，诸葛亮征之；孟获为夷汉所服，七战七擒，曰："公，天威也，南人不复反矣。"《蜀志》所载，止于一时之事。国朝淳化中，李顺乱蜀，招安使雷有终遣嘉州士人辛怡显使于南诏，至姚州，其节度使赵公美以书来迎，云："当境有泸水，昔诸葛武侯戒曰：'非贡献征讨，不得辄渡此水；若必欲过，须致祭，然后登舟。'今遣本部军将赍金龙二条、金钱二千文并设酒脯，请先祭享而渡。"乃知南夷心服，虽千年如初。呜呼，可谓贤矣！事见怡显所作《云南录》。

【译文】

三国蜀汉后主刘禅时，南中地区各郡反叛，丞相诸葛亮率军征讨；孟获是当地夷汉人所佩服的反叛首领，与诸葛亮打了七战又被擒获七回，最后心悦诚服地说："先生真是天赋之威，南中之人再也不愿反叛朝廷了。"《三国志·蜀志》

中所记载的，只是蜀汉时期的事，我大宋朝太宗淳化年间，李顺在蜀地反叛朝廷，招安使雷有终派遣嘉州（今四川乐山一带）士人辛怡显出使到南诏（今云南大理一带），到了姚州（治今云南姚安北），当地节度使赵公美捧着国书出城迎接，他对辛怡显说："去南诏的路上有条河叫泸水，蜀汉时武乡侯诸葛亮先生告诫说：'如果不是进贡或征讨，就不能渡过这条河；假若一定要过，就要先进行祭河礼，然后才可以登舟过河。'现在，我已派本部将士带金龙二条、金钱二千文并摆上酒肉，请求先祭祀之后再渡河。"由此可见，南夷对诸葛亮心悦诚服，即使是千年之后也仍然和当初一样。唉，诸葛亮真可以称得上英明啊！此事见于辛怡显所作的《云南录》中。

诸葛亮

汉 唐 八 相

【原文】

萧、曹、丙、魏、房、杜、姚、宋为汉、唐名相，不待诵说。然前六君子皆终于位，而姚、宋相明皇，皆不过三年。姚以二子及亲吏受赂，其罢犹有说；宋但以严禁恶钱及疾负罪而妄诉不已者，明皇用优人戏言而罢之；二公终身不复用。宋公罢相时，年才五十八，后十七年乃薨。继之者如张嘉贞、张说、源乾曜、王晙、宇文融、裴光庭、萧嵩、牛仙客，其才可睹矣。唯杜暹、李元纮为贤，亦清介龊龊自守者。释骐骥而不乘，焉皇皇而更索，可不惜哉！萧何且死，所推贤唯曹参；魏、丙同心辅政；房乔每议事，必曰非如晦莫能筹之；姚崇避位，荐宋公自代。唯贤知贤，宜后人之莫及也。

【译文】

萧何、曹参、丙吉、魏相、房玄龄、杜如晦、姚崇、宋璟为汉唐名相，不用细说。然而前六位君子终身任丞相的职务，而姚崇、宋璟在唐明皇时任丞相，都不超过三年。姚崇因为自己的两个儿子及亲信小吏收贿赂被罢相，尚属事出有因；宋璟仅仅因为严厉禁止劣质的钱币及嫉恨自己有罪而无休无止告状的人，唐明皇因优人一句戏言而把他的丞相位子给免了；姚崇、宋璟二人终身再没被起用。宋璟罢相时，年仅五十八岁，过了十七年才死去。后继为相的，如张嘉贞、张说、源乾曜、王晙、宇文融、裴光庭、萧嵩、牛仙客，他们的才能显而易见。只有杜暹、李元纮可称为圣贤，也是廉洁奉公、刚正不阿的人。放弃骏马而不骑，反而急急忙忙去找别的马，真可惜啊！萧何将死，所推荐的贤人只有曹参；魏相、丙吉同心协力，辅佐国政；房玄龄每次商讨国事，必说没有杜如晦参加不能筹划决策；姚崇退避相位之时，推荐宋璟代替自己。只有贤人才了解贤人，后人望之莫及啊！

晋之亡与秦、隋异

【原文】

自尧、舜及今，天下裂而复合者四：周之末为七战国，秦合之；汉之末分为三国，晋合之；晋之乱分为十余国，争战三百年，隋合之；唐之后又分为八九国，本朝合之。然秦始皇一传而为胡亥，晋武帝一传而为惠帝，隋文帝一传而为炀帝，皆破亡其社稷。独本朝九传百七十年，乃不幸有靖康之祸，盖三代以下治安所无也。秦、晋、隋皆相似，然秦、隋一亡即扫地，晋之东虽曰“牛继马后”，终为守司马氏之祀，亦百有余年。盖秦、隋毒流四海，天实诛之，晋之八王擅兵，孽后盗政，皆本于惠帝昏蒙，非得罪于民，故其亡也，与秦、隋独异。

【译文】

从尧、舜至今，天下分裂而又统一的有四次：周朝末年为战国七雄分裂天下，秦朝统一了全国；汉朝末年为魏、蜀、吴三国鼎立时期天下分裂，晋朝统一了国家；晋朝大乱分裂为十几个小国，战争达三百年，后隋朝统一全国；唐朝之后又分裂为八九个小国，本（宋）朝统一。然而秦始皇传了一世而为胡亥，晋武帝传了一世而为晋惠帝，隋文帝传了一世而为隋炀帝，都使国家覆灭了。唯独本朝传了九世有一百七十年，虽中间不幸有靖康之变，大概三代以来没有如本朝这样大治安定的了。秦朝、晋朝、隋朝都有相似之处，然而秦、隋一旦灭亡即一蹶不振，东晋即使被称为“牛继马后”，终究保持了司马氏的社稷，也享有百余年。大概秦朝、隋朝流毒四海，罪恶极大，上天诛之，晋朝的八王之乱，“孽后”贾南风擅权乱国，都是因为晋惠帝昏庸无能造成的，并不是得罪了百姓，所以它的灭亡和秦、隋朝的灭亡是不一样的。

上官桀

【原文】

汉上官桀为未央厩令，武帝尝体不安，及愈，见马，马多瘦，上大怒：“令以我不复见马邪？”欲下吏，桀顿首曰：“臣闻圣体不安，日夜忧惧，意诚不在马。”言未卒，泣数行下。上以为忠，由是亲近，至于受遗诏辅少主。义纵为右内史，上幸鼎湖，病久，已而卒起幸甘泉，道不治，上怒曰：“纵以我为不行此道乎？”衔之，遂坐以它事弃市。二人者，其始获罪一也，桀以一言之故超用，而纵及诛，可谓幸不幸矣。

【译文】

汉朝的上官桀做未央宫厩令时，汉武帝曾经得病不舒服，病愈后，到马厩察看，发现官马大都很瘦弱，非常恼怒，说：“厩令上官桀是不是认为我不能再看到官马了？”打算治他的罪，让他为吏，上官桀立即顿首谢罪说：“我听说圣体不安，日夜忧愁，牵肠挂肚，心思确实没用在官马身上。”话没说完，已泣不成声，泪流满面。汉武帝认为上官桀一片忠心，从此把他当作近臣，以至于接受遗诏辅佐少主。义纵做右内史时，汉武帝驾临鼎湖，病了很久好转后突然心血来潮，起驾游幸甘泉宫，道路没被清理，汉武帝大怒，说：“义纵认为我不会再从这条道路上经过吗？”内心很恨义纵，于是借他事治罪义纵，并把他斩首示众。这二人刚获罪时是一样的，上官桀因为一句话的缘故被提拔重用，而义纵被杀，可谓幸与不幸是在一念之间了。

金日磾

【原文】

金日磾没入宫，输黄门养马。武帝游宴见马，后宫满侧，日磾等数十人牵马过殿下，莫不窃视，至日磾，独不敢。日磾容貌甚严，马又肥好，上奇焉，即日拜为马监，后受遗辅政。日磾与上官桀皆因马而受知；武帝之取人，可谓明而不遗矣。

【译文】

金日磾被虏后，进入皇宫被送到黄门养马。汉武帝在皇宫内游玩设宴，看见很多官马，宫女满侧，金日磾等数十人牵着马从殿下经过，宫女们没有不偷偷看的，等到金日磾经过时，不敢抬头。金日磾容貌甚好，气宇轩昂，马儿也膘肥体壮甚是神气，汉武帝感到金日磾不一般，当天拜金日磾为马监，后来接受遗诏辅佐朝政。金日磾和上官桀都是因为马而被皇上赏识；汉武帝选拔人才，可称得上圣明而不遗漏了。

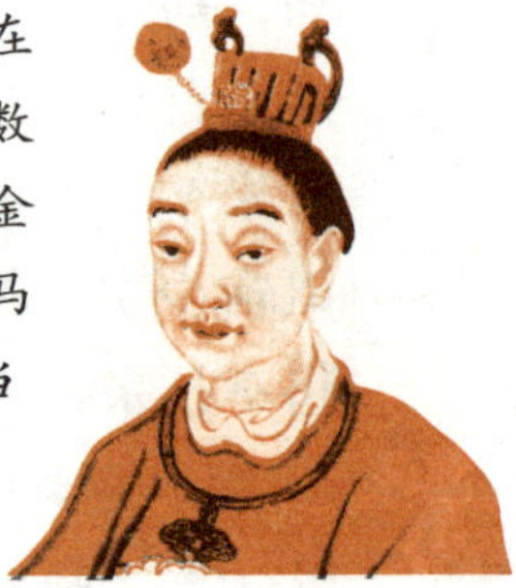

金日磾

韩信　周瑜

【原文】

世言韩信伐赵，赵广武君请以奇兵塞井陉口，绝其粮道，成安君不听。信使间人窥知其不用广武君策，还报则大喜，乃敢引兵遂下，遂胜赵。使广武计行，信且成禽，信盖自言之矣。周瑜拒曹公于赤壁，部将黄盖献火攻之策，会东南风急，悉烧操船，军遂败。使天无大风，黄盖不进计，则瑜未必胜。是二说者，皆不善观人者也。夫以韩信敌陈余，犹以猛虎当羊豕尔。信与汉王语，请北举燕、赵，正使井陉不得进，必有它奇策矣。其与广武君言曰："向使成安君听子计，仆亦禽矣。"盖谦以求言之词也。方孙权问计于周瑜，瑜已言操冒行四患，将军禽之宜在今日。刘备见瑜，恨其兵少。瑜曰："此自足用，豫州但观瑜破之。"正使无火攻之说，其必有以制胜矣。不然，何以为信、瑜？

【译文】

世人都说韩信攻打赵国时，赵国的广武君李左车请求派奇兵堵住井陉口来，断绝韩信大军的粮道，然而成安君陈余却没有采纳。韩信派间谍暗中得知陈余没有采纳广武君的计策，回来报知韩信大喜，所以敢率军挺进，随即战胜赵国。假使广武君的计策得以实行，韩信就将成为笼中之鸟，这大概是韩信自己说的话。周瑜和曹操在赤壁对阵，部将黄盖献火攻之策，正巧遇到很大的东南风，烧毁了曹操的所有战船，曹操军队大败。假使老天不刮东南风，黄盖也没献出火攻这一计，那么周瑜未必能取胜。这两种说法，都是不善于观察人的结果。用韩信和陈余相对阵，就好像用猛虎和羊猪对阵一样，韩信对汉王刘邦说，请求向北攻下燕国、赵国，假使井陉口不能前进，必定有其他奇策妙计。韩信对广武君李左车说："假若成安君陈余采纳您的计谋，我将成为笼中之鸟了。"大概是谦虚而征求意见的话。当孙权向周瑜询问破操之计时，周瑜已经陈说了曹操贸然进军的四种弊端，将军擒之应该在今日。刘备拜见周瑜，嫌周瑜带的军队太少。周瑜说："这些军队足够用了，您就看我周瑜大破曹军吧！"假使没有火攻之策，周瑜必定有其他制胜的办法。如果不是这样，怎么能称为韩信、周瑜呢？

汉武赏功明白

【原文】

卫青为大将军，霍去病始为校尉，以功封侯，青失两将军，亡翕侯，功不多，不益封。其后各以五万骑深入，去病益封五千八百户，裨校封侯益邑者六人，而青不得益封，吏卒无封者。武帝赏功，必视法如何，不以贵贱为高下，其明白如此。后世处此，必曰青久为上将，俱出塞致命，正不厚赏，亦当有以尉其心，不然，它日无以使人，盖失之矣。

【译文】

卫青为大将军，霍去病起初为校尉，因功被封侯，卫青进攻匈奴时，失掉了两个将军，翕侯阵亡，功绩不多，没有增加封赏。其后，卫青、霍去病二人各率五万骑兵深入匈奴腹地，霍去病增加封赠五千八百户，偏将、校尉被封侯增加食邑的共六人，而卫青没有得到任何封赠，手下的吏卒也没有得到封赠。汉武帝论功行赏，必定按法进行，不以贵贱论高下，他的圣明就在于此。后世对待这些，必定说卫青久为上将，每次出塞为国效命，即使没有厚赏，也应当有所表示来安慰将士之心，如果不这样，他日后就无法指挥将士了，这种看法是不正确的。

卫　青

周召房杜

【原文】

召公为保，周公为师，相成王为左右。观此二相，则刑措四十年，颂声作于下，不言可知。唐（正）[贞]观三年二月，房玄龄为左仆射，杜如晦为右仆射，魏（证）[征]参预朝政。观此三相，则三百年基业之盛，概可见矣。

【译文】

召公为太保，周公为太师，辅佐周成王左右，执掌国政。看这二位臣相，共同执政四十年，朝野上下齐声称颂，不言而喻。唐朝贞观三年（629）二月，房玄龄为左仆射，杜如晦为右仆射，魏征参与朝政。纵观三位宰相的行为，那么大唐三百年的强盛基业，就可以看得明了了。

三代书同文

【原文】

三代之时，天下书同文，故《春秋左氏》所载人名字，不以何国，大抵皆同。郑公子归生，鲁公孙归父，蔡公孙归生，楚仲归，齐析归父，皆字子家。楚成嘉，郑公子嘉，皆字子孔。郑公孙段、印段，宋褚师段，皆字子石。郑公子喜，宋乐喜，皆字子罕。楚公子黑肱，郑公孙黑，孔子弟子狄黑，皆字子皙。鲁公子翚，郑公孙挥，皆字子羽。邾子克，楚斗克，周王子克，宋司马之臣克，皆字曰仪。晋籍偃、荀偃，郑公子偃，吴言偃，皆字曰游。晋羊舌赤，鲁公西赤，皆字曰华。楚公子侧，鲁孟之侧，皆字曰反。鲁冉耕，宋司马耕，皆字曰牛。颜无繇、仲由，皆字曰路。

【译文】

夏、商、周三代之时，天下文字大体相同，所以《左传》中所记载的人的字，不管哪个国家，大抵都相同。郑国公子归生，鲁国的公孙归父，蔡国的公孙归生，楚国的仲归，齐国的析归父，字都是子家。楚国的成嘉，郑国的公子嘉，字都是子孔。郑国的公孙段、印段，宋国的褚师段，字都是子石。郑国的公子喜，宋国的乐喜，字都是子罕。楚国的公子黑肱，郑国的公孙黑，孔子的弟子狄黑，字都是子皙。鲁国的公子翚，郑国的公孙挥，字都是子羽。邾国的子克，楚国的斗克，周朝的王子克，宋国的司马臣克，字都是仪。晋国的籍偃、荀偃，郑国的公子偃，吴国的言偃，字都是游。晋国的羊舌赤，鲁国的公西赤，字都是华。楚国的公子侧，鲁国的孟之侧，字都是反。鲁国的冉耕，宋国的司马耕，字都是牛。颜无繇、仲由，字都是路。

周世中国地

【原文】

成周之世，中国之地最狭，以今地里考之，吴、越、楚、蜀、闽皆为蛮；淮南为群舒；秦为戎。河北真定、中山之境，乃鲜虞、肥、鼓国。河东之境，有赤狄、甲氏、留吁、铎辰、潞国。洛阳为王城，而有杨拒、泉皋、蛮氏、陆浑、伊雒之戎。京东有莱、牟、介、莒，皆夷也。杞都雍丘，今汴之属邑，亦用夷礼。邾近于鲁，亦曰夷。其中国者，独晋、卫、齐、鲁、宋、郑、陈、许而已，通不过数十州，盖于天下特五分之一耳。

【译文】

西周之时，中国的地理疆域最小，按照今天的地理来考察，吴、越、楚、蜀、闽都是蛮族居住的地区；淮南是群舒少数民族所居住的地区；秦地为戎族所居住的地区。河北的真定、中山一带，是鲜虞、肥、鼓国的地区。河东的是赤狄、甲氏、留吁、铎辰、潞国的地带。洛阳是王城，而王城周围有杨拒、泉皋、蛮氏、陆浑、伊雒等戎族。京东路有莱、牟、介、莒等东夷族。杞国都城雍丘，是今天汴京的属邑，也使用东夷的礼仪。邾国靠近鲁国，但是也属于东夷。属于中国的，只有晋、卫、齐、鲁、宋、郑、陈、许，总共不过数十州，大约仅为天下的五分之一罢了！

姓氏不可考

【原文】

姓氏所出，后世茫不可考，不过证以史传，然要为难晓。自姚、虞、唐、杜、姜、田、范、刘之外，余盖纷然杂出。且以《左传》言之，申氏出于四岳，周有申伯，然郑又有申侯，楚有申舟，又有申公巫臣，鲁有申繻、申枨，晋有申书，齐有申鲜虞。贾氏姬姓之国，以国氏，然晋有贾华，又狐射姑亦曰贾季，齐有贾举。黄氏嬴姓之国，然金天氏之后，又有沈、姒、蓐、黄之姓，晋有黄渊。孔氏出于商，孔子其后也，然卫有孔达，宋有孔父，郑有孔叔，陈有孔宁，齐有孔虺，而郑子孔之孙又为孔张。高氏出于齐，然子尾之后又为高强，郑有高克，宋有高哀。国氏亦出于齐，然邢有国子，郑子国之孙又为国参。晋有庆郑，齐有庆克，陈有庆虎。卫有石碏，齐有石之纷如，郑有石奠，周有石尚，宋有石彄。晋有阳处父，楚有阳丐，鲁有阳虎。孙氏出于卫，而楚有叔敖，齐有孙书，吴有孙武。郭氏出于虢，而晋有郭偃，齐有郭最，又有所谓郭公者。千载之下，遥遥世祚，将安所质究乎？

【译文】

黄 帝

姓氏的由来，后世真是茫茫然不可考究，就是以史书传记来加以考证，也很难搞得十分清楚。在众多的姓氏中，除了姚、虞、唐、杜、姜、田、范、刘姓之外，其余的根源出处，都很复杂混乱。就以《左传》中的记载来说，申姓原出于四岳，系黄帝后稷的后代，以后周朝有申伯，可是郑国又有申侯，楚国有申舟，还有申公巫臣，鲁国有申繻、申枨，晋国有申书，齐国有申鲜虞。姓贾的源出于姬姓国家，以国名为姓氏，可是晋国有贾华，一个叫狐射姑的人也叫贾季，齐国有贾举。姓黄的属于嬴姓国家的人，可是金天氏的后代中，又有沈、姒、蓐、黄四姓，里面也有姓黄的，晋国还有黄渊。孔姓源出于商部落，孔子就是商的后代，可是卫国有孔达，宋国有孔父，郑国有孔叔，陈国有孔宁，齐国有孔虺，而且郑国子孔的孙子又叫孔张。姓高的源出于齐国，可是子尾的后代也叫高强，郑国有高克，宋国有高哀。姓国的也是源出于齐国，可是邢国有国子，郑国子国的孙子名叫国参。晋国有庆郑，齐国有庆克，陈国有庆虎。卫国有石碏，齐国也有石之纷如，郑国有石奠，周地有石尚，宋国有石彄。晋国有阳处父，然而楚国又有阳丐，鲁国有阳虎。姓孙的源出于卫国，而楚国却有孙叔敖，齐国有孙书，吴国有孙武。姓郭的源出于虢，而晋国有郭偃，齐国有郭最，还有个叫郭公的人。几千年来，各个姓氏世代相传，源远流长，又怎么能研究得清楚呢？

绿竹青青

【原文】

毛公解《卫诗·淇奥》，分绿竹为二物，曰："绿，王刍也。竹，萹竹也。"《韩诗》：竹字作薄，音徒沃反，亦以为萹筑。郭璞云："王刍，今呼白脚莎，即菉蓐豆也。萹竹似小藜，赤茎节，好生道旁，可食。"又云："有草似竹，高五六尺，淇水侧人谓之菉竹。"案此诸说，皆北人不见竹之语耳。《汉书》："下淇园之竹以为楗。"寇恂为河内太守，伐淇园竹为矢百余万。《卫诗》又有"籊籊竹竿，以钓于淇"之句，所谓绿竹，岂不明甚，若白脚莎、菉豆，安得云"猗猗""青青"哉？

【译文】

毛公解释《诗经·卫风·淇奥》，把其中的"绿竹"说成是两种东西："绿，指王刍。竹，指萹竹。"《韩诗》却将"竹"字写成"薄"，发音为徒与沃的反切，也认为是指萹筑。郭璞进一步注释说："王刍，今天称作白脚莎，也就是菉蓐豆。萹竹形状像小灰菜，茎和节都是红色，常生长在路边，可以吃。"又说："有一种长得像竹子的草，高五六尺，淇水边的人们叫它菉竹。"按照这几种说法，都是北方人见不到竹子而臆想出来的。《汉书》中有句："下淇园之竹以为楗。"是说寇恂为河内太守时，砍伐淇园的竹子造了上百万支竹箭。《诗经·卫风》中又有"籊籊竹竿，以钓于淇"的句子，那么所谓绿竹，岂不就相当清楚明白了！如果是指白脚莎或菉豆，又怎么能说它柔软苗条、青青翠翠呢？

孔子欲讨齐

【原文】

陈成子弑齐简公，孔子告于鲁哀公，请讨之。公曰："告夫三子者。"之三子告，不可。《左传》曰："孔子请伐齐，公曰：'鲁为齐弱久矣，子之伐之，将若之何？'对曰：'陈常弑其君，民之不与者半，以鲁之众，加齐之半，可伐也。'"说者以为孔子岂校力之强弱，但明其义而已。能顺人心而行天讨，何患不克？使鲁君从之，孔子其使于周，请命乎天子，正名其罪。至其所以胜齐者，孔子之余事也。予以为鲁之不能伐齐，三子之不欲伐齐，周之不能讨齐，通国知之矣。孔子为此举，岂真欲以鲁之半，力敌之哉？盖是时三子无君与陈氏等，孔子上欲悟哀公，下欲警三子。使哀公悟其意，必察三臣之擅国，思有以制之，起孔子而付以政，其正君君、臣臣之分不难也。使三子者警，必将曰："鲁小于齐，齐臣弑君而欲致讨，吾三臣或如是，彼齐、晋大国，肯置而不问乎？"惜其君臣皆不识圣人之深旨。自是二年，孔子亡。又十一年，哀公竟逼于三子而孙于越，比之简公，仅全其身尔。

【译文】

春秋时，陈成子杀了齐简公（拥立齐平公，自任国相），孔子将这件事告诉了鲁哀公，请求讨伐陈成子。鲁哀公说："你去找'三子'（当时掌握鲁国政权的孟孙氏、叔孙氏、季孙氏）说吧。"孔子的想法遭到了"三子"拒绝。《左传》记载："孔子请求讨伐齐国，鲁哀公说：'鲁国比齐国弱已是很久的事实了，你说要讨伐他，结果会怎么样呢？'孔子回答说：'陈成子（即陈常）杀了他的国君，齐国老百姓有一半都不愿拥护，现在用鲁国的全部力量和齐国的一半力量，共同去讨伐，是可以胜利的。'"有人认为孔子哪里是在较量实力的强

孔 子

弱，他重在讲仁义，只要从仁义的角度把道理讲清楚就够了。如能顺乎民心替天行道的话，还用担心不会胜利吗？假如鲁哀公接受了孔子的请求，孔子出使周朝天子，请求周天子给陈成子定罪，问题就解决了。至于说能否胜齐，在孔子看来是十分次要的。我认为鲁国因弱小不能讨伐齐国，三人也不想伐齐，周天子失去了权威也不能伐齐，这是全国无人不知的道理。那么，孔子的这一举动，难道真的是想以鲁国的一半力量去与齐国相拼吗？当时鲁国的“三子”与陈成子一样目无君主，因此，孔子的这一做法实际在于，上可以使鲁哀公觉悟，下可以警告“三子”。如果鲁哀公明白了孔子的本意，一定会认真看待三臣擅权、图谋不轨的事实，设法加以控制，并且起用孔子执掌国政，君臣之间的关系也就不难恢复了。假如“三子”因此而受到警告，一定会说：“鲁国比齐国小，齐国的大臣杀了君主，大家要去讨伐，我们三人如去杀君主，像齐、晋这些大国，怎么会置之不理呢？”可惜的是，鲁国的君臣都未能明白圣人的这番深意。两年后，孔子死。又过了十一年，鲁哀公竟在三位大臣的威逼下流亡到越国，与齐简公相比，只是保全了性命而已。

韩　退　之

【原文】

《旧唐史·韩退之传》初言：“愈常以为魏、晋已还，为文者多拘偶对，而经诰之指归不复振起。故所为文抒意立言，自成一家新语，后学之士取为师法。当时作者甚众，无以过之，故世称韩文。”而又云：“时有恃才肆意，亦盭孔、孟之旨。若南人妄以柳宗元为罗池神，而愈撰碑以实之。李贺父名晋，不应进士，而愈为贺作《讳辩》，令举进士。又为《毛颖传》，讥戏不近人情。此文章之甚纰缪者。撰《顺宗实录》，繁简不当，叙事拙于取舍，颇为当代所非。”裴晋公有《寄李翱书》云：“昌黎韩愈，仆识之旧矣，其人信美材也。近或闻诸侪类云，恃其绝足，往往奔放，不以文立制，而以文为戏，可矣乎？今之不及之者，当大为防焉尔。"《旧史》谓愈为纰缪，固不足责，晋公亦有是言，何哉？考公作此书时，名位犹未达，其末云："昨弟来，欲度及时干进，度昔岁取名，不敢自高。今孤茕若此，游宦谓何？是不能复从故人之所勉耳！但置力田园，苟过朝夕而已。"然则公出征淮西，请愈为行军司马，又令作碑，盖在此累年之后，相知已深，非复前比也。

【译文】

《旧唐书·韩愈传》开头说："韩愈认为自魏、晋时代以来，作文章的人大多拘泥于骈偶对句，致使秦汉及其以前的经典文献中的深层意蕴不能再给以发扬。因此，他的文章在表达思想和语言运用方面，又是自成一家有所创新的，为后来的人们所效法。当时作文章的人不可胜数，但没有人能超过他，所以社会上的人特称韩愈的文章为'韩文'。"可是后边又说："他经常有自恃才高、任意而为的表现，又违背了孔、孟之道的精神实质。举例说吧：南方人很轻率地把柳宗元称作'罗池神'，韩愈就撰写碑文予以记载，使之成为事实。李贺的父亲名晋，为了避讳，就不去应考进士，可是韩愈却为李贺作了一篇《讳辩》，劝他考进士。他还写了一篇《毛颖传》的文章，荒诞不经到不近人情的地步。这些都是他的文章有缺陷的地方。他写的《顺宗实录》，该细腻的不细腻，该简略的不简略，叙事的选择取舍也很不高明，这些形式方面的问题，也受到当代人的批评。"晋国公裴度有一封《寄李翱书》说："自称昌黎人的韩愈，我是早就知道他的，这个人实在是有了不起的才能。近来有时也听到有些人说，他依仗自己超人的才能，经常过于不受约束，写文章时不以文章建立法度，而是以文章为儿戏，这种作法可以吗？当今才能不如他的人，在这点上不仅不能向他学习，还应引以为戒大为防备啊。"《旧唐书》说韩愈有错误，是可以理解，且用不着指责的，但裴度也这样说，是为什么呢？因为裴度写这封信时，名誉地位都还没有，信的最后写着："昨日小弟来，是想能及时在功名上有所进取，我虽起名为'度'，也不敢自视甚高。现在孤零潦倒到这个地步，出外做官又是为了什么呢？因此，我不能听从老朋友的勉励！今后只去致力于耕种田园，苟且地过日子罢了。"可是到了后来，裴度出征淮西时，请韩愈做他的行军司

裴　度

马，还让他写碑文，这些事都在许多年以后，二人的交情已经相当深厚，与未成名之前二人的关系是不能相比的。

左氏书事

【原文】

《左传》书晋惠公背秦穆公事曰："晋侯之入也，秦穆姬属贾君焉，且曰：'尽纳群公子。'晋侯烝于贾君，又不纳群公子，是以穆姬怨之。晋侯许赂中大夫，既而皆背之。赂秦伯以河外列城五，东尽虢略，南及华山，内及解梁城，既而不与。晋饥，秦输之粟；秦饥，晋闭之籴。故秦伯伐晋。"观此一节，正如狱吏治囚，蔽罪议法，而皋陶听之，何所伏窜，不待韩原之战，其曲直胜负之形见矣。晋厉公绝秦，数其五罪，书词铿訇，极文章鼓吹之妙，然其实皆诬秦。故《传》又书云："秦桓公既与晋厉公为令狐之盟，而又召狄与楚，欲道以伐晋。"杜元凯注云："据此三事，以正秦罪。"左氏于文反复低昂，无所不究其至。观秦、晋争战二事，可窥一斑矣。

【译文】

《左传》记载晋惠公背弃秦穆公之事时，说："晋惠公要回晋国时，秦穆姬把此事托附于贾君，并说：'让众公子都回晋国。'晋惠公纳贾君，又不让众公子归国，秦穆姬因此埋怨。晋惠公曾贿赂中大夫，后来也背弃了诺言。曾答应把黄河以南以西的五城割给秦穆公，东面包括虢国的大部分，南边到了华山，黄河以北包括解梁城（今山西临猗西南），可是后来又不给。晋国遭到了饥荒，秦国输送了粮食；可秦国遇到饥荒的时候，晋国却把粮库封闭不给秦国输送。由于这些原因，秦穆公才去讨伐晋国。"看了这段叙述，真如法官审判犯人，以罪绳之以法，想逃遁是办不到的，就是古代最贤明的执法官皋陶听了，也会服气的，不必等到秦晋两国的韩原（一说为今陕西韩城西南，一说为今山西芮城）大战，其间的是非曲直也就一目了然了。晋厉公与秦断交时，曾罗列秦的五大罪状，言词铿锵有力，将文章写得极其夸张美妙，但其中的事实却全是编造的。于是《左传》写道："秦桓公已经与晋厉公订立了令狐（今山西临猗西）之盟，仍然与狄人、楚国商议讨伐晋国的事。"杜元凯的注释说："根据上述的三桩事实，就可以认定秦国伐晋并无罪过。"左丘明在《左传》中的文章真是有起有伏，但没有一件事不是追根求源，以事实证其是非的。这只要看看上面叙述的关于秦、晋之间的这两次战事，也就可以见其一斑了。

邾文公　楚昭王

【原文】

邾文公卜迁于绎，史曰："利于民而不利于君。"邾子曰："命在养民，死之短长，时也。民苟利矣，迁也吉莫如之。"遂迁于绎，未几而卒。君子曰："知命。"楚昭王之季年，有云如众赤鸟，夹日以飞三日。周太史曰："其当王身乎！若禜之，可移于令尹、司马。"王曰："除腹心之疾而置诸股肱，何益？不谷不有大过，天其夭诸？有罪受罚，又焉移之？"遂弗禜。孔子曰："楚昭王知大道矣，其不失国也宜哉！"案宋景公出人君之言三，荧惑为之退舍；邾文、楚昭之言，亦是物也，而终不蒙福，天道远而不可知如此。

【译文】

邾文公要史官占卜把国都从邾（今山东曲阜东南息陬镇）迁到绎（今山东邹城市东南纪王城）的吉凶如何，史官回答说："利于百姓但不利于君王。"邾文公听后说："国君的使命就在于让老百姓得到好处，我个人寿命的长短，就听天由命吧！只要对老百姓有利，迁都就是最大的吉祥。"于是迁都于绎，不久，邾文公就死了。君子认为邾文公"知天命"。楚昭王末年，有块云像一群红色的鸟一样，围绕太阳飞了三天。于是周朝的太史说："这是把君王的身体挡住了，是不吉祥的。应当举行祭典，祷告上天，就可以把灾难转移到令尹和司马身上。"楚昭王说："把心腹之疾转到四肢上，能有什么益处呢？假如我没有大的过错，上天难道能让我早死吗？如果我有了罪孽应当受到惩罚，又何必转移给别人？”所以不去举行祭典。孔子评论说：“楚昭王是知道大道理的，他是不应该失去国家的！”考究一下此中的道理，当年宋景公发表过几次英明国君应当发表的言论，结果被视为“妖星”的大火星（恒星）为之退避三舍；郑文公、楚昭王说的话是同样性质的，竟没有得到一点好处，天意高深而不可猜测竟然到这种地步。

孟子书百里奚

【原文】

柳子厚《复杜温夫书》云：“生用助字，不当律令，所谓乎、欤、耶、哉、夫也者，疑辞也；矣、耳、焉也者，决辞也。今生则一之。宜考前闻人所使用，与吾言类且异，精思之则益也。”予读《孟子》百里奚一章曰：“曾不知以食牛干秦缪公之为污也，可谓智乎？不可谏而不谏，可谓不智乎？知虞公之将亡而先去之，不可谓不智也。时举于秦，知缪公之可与有行也而相之，可谓不智乎？”味其所用助字，开阖变化，使人之意飞动，此难以为温夫辈言也。

【译文】

柳宗元

柳宗元在《复杜温夫书》中说：“你在写文章时使用的助词，不合乎规则要求。人们常用乎、欤、耶、哉、夫等，是表示疑问的字词；所谓矣、耳、焉等，是表示判断的字词。你认为这些字所表达的意思是一样的。你应该仔细研究前人对这些字的使用，若与我上面所说的存有异同，从而认真地思考分析是有益的。”我读《孟子》时，看到记载百里奚的文字：“不知用养牛的方法而求秦穆公是污辱自己，可以说智吗？知道不可谏而不谏，可以说不智吗？知道虞公快灭亡而先离开，不能说不智慧。在秦国被推荐时，便知道穆公是一位可以辅佐而且有作为的国君，这能说他不聪明吗？”仔细辨别所使用的助词，开合变化，使人思绪飞动，这些对温夫之辈来说是难以理解的。

韩、柳为文之旨

【原文】

韩退之自言：作为文章，上规姚、姒、《盘》、《诰》、《春秋》、《易》、《诗》、《左氏》、《庄》、《骚》、太史、子云、相如，闳其中而肆其外。柳子厚自言：每为文章，本之《书》《诗》《礼》《春秋》《易》；参之《谷梁氏》，以厉其气；参之《孟》《荀》，以畅其支；参之《庄》《老》，以肆其端；参之《国语》，以博其趣；参之《离骚》，以致其幽；参之太史公，以著其洁。此韩、柳为文之旨要，学者宜思之。

【译文】

唐代韩愈曾说：写文章时，应当师法虞舜、夏禹、《尚书·盘庚》、《尚书·诰》、《春秋》、《易》、《诗经》、《左传》、《庄子》、《离骚》、司马迁、扬雄、司马相如，使其内容丰富而文笔豪放。柳宗元曾说：写文章时，应当以《尚书》《诗经》《礼记》《春秋》《易》为根本；参照《谷梁传》的写法，可磨砺文章的气势；参照《孟子》《荀子》，可使文章条理清晰；参照《庄子》《老子》，可使文章说理透彻；参照《国语》，可使文章情趣广博，耐人寻味；参照《离骚》，可使文章意境幽远，发人深省；参照司马迁的《史记》，可使文章语言简洁精炼。这就是韩愈、柳宗元二人创作的旨要，学习的人应该好好思考一下。

虞世南

【原文】

虞世南卒后，太宗夜梦见之，有若平生。翌日，下制曰："世南奄随物化，倏移岁序。昨因夜梦，忽睹其人，追怀遗美，良增悲叹！宜资冥助，申朕思旧之情。

可于其家为设五百僧斋，并为造天尊像一躯。”夫太宗之梦世南，盖君臣相与之诚所致，宜恤其子孙，厚其恩典可也。斋僧、造像，岂所应作？形之制书，著在国史，惜哉，太宗而有此也！

【译文】

虞世南死后，唐太宗夜里梦见了他，就好像他生前一样。第二天，唐太宗特意颁布了一道诏书，写道：“世南突然去世，时间过得很快。昨天夜里朕梦见他，忽然看见他本人，回忆起他生前的美德，平添悲伤之情！特决定在其家设坛祭祀，选派五百僧人斋戒，并为他造一尊塑像。”唐太宗之所以梦见虞世南，是由于他们君臣关系相处融洽的缘故，按理应妥善安置并厚赠他的子孙后代就可以了。请斋僧、造天尊像，这样做又有什么用呢？唐太宗颁布诏书宣喻天下，并载入国史，太遗憾了，太宗竟然也有此做法！

汉书用字

【原文】

太史公《陈涉世家》：“今亡亦死，举大计亦死，等死，死国可乎？”又曰：“戍死者固什六七，且壮士不死即已，死即举大名耳！”叠用七“死”字。《汉书》因之。《汉书·沟洫志》载贾让《治河策》云：“河从河内北至黎阳为石堤，激使东抵东郡平刚；又为石堤，使西北抵黎阳、观下；又为石堤，使东北抵东郡津北；又为石堤，使西北抵魏郡昭阳；又为石堤，激使东北。百余里间，河再西三东。”凡五用“石堤”字，而不为冗复，非后人笔墨畦径所能到也。

【译文】

太史公司马迁在《史记·陈涉世家》中记载：“今天逃跑也是一死，造反也是一死，同样是死，何不为国而死？”又说道：“十个戍边者中，有六七个都逃脱不了死的厄运，况且壮士不死则已，死就要落个好名声！”连用了七个“死”

字。《汉书》也沿袭这种用字法。《汉书·沟洫志》记载贾让的《治河策》中说："黄河从河内（治今河南武陟西南）向北流到黎阳（治今河南浚县东），以此筑起石堤，使黄河折而流向东郡（治今河南濮阳县西南）的平刚（疑为"刚平"，今河南清丰西南）；又筑起石堤，使黄河折而抵达黎阳、观下；又筑起石堤，使黄河折而流向东郡渡口北；又筑起石堤，使黄河折向西北到魏郡（治今河北临漳西南）的昭阳；又筑起石堤，使黄河折流向东北。百余里内，黄河向西拐了两个弯，向东拐了三个弯。"这段文字共用了五个"石堤"，但并不让人感到繁重冗杂，这种文笔不是后人循规蹈矩、如法炮制所能达到的。

司马迁

姜嫄　简狄

【原文】

毛公注《生民》诗，姜嫄生后稷"履帝武敏歆"之句，曰："从于高辛帝而见于天也。"《玄鸟》诗，"天命玄鸟，降而生商"之句，曰："春分玄鸟降，简狄配高辛帝，帝与之祈于郊禖而生契，故本其为天所命，以玄鸟至而生焉。"其说本自明白。至《郑氏笺》始云："帝，上帝也。敏，拇也。祀郊禖时，有大人之迹，姜嫄履之，足不能满，履其拇指之处，心体歆歆然如有人道感己者，遂有身，后则生子。"又谓："鳦遗卵，简狄吞之而生契。"其说本于《史记》，谓："姜嫄出野，见巨人迹，忻然践之，因生稷。"简狄行浴，见燕堕卵，取吞之，因生契。"此二端之怪妄，先贤辞而辟之多矣。欧阳公谓稷、契非高辛之子，毛公于《史记》不取履迹之怪，而取其讹缪之世次。案《汉书》，毛公赵人，为河间献王博士，然则在司马子长之前数十年，谓为取《史记》世次，亦不然。盖世次之说，皆出于《世本》，故荒唐特

甚，其书今亡。夫适野而见巨迹，人将走避之不暇，岂复故欲践履，以求不可知之机祥；飞鸟堕卵，知为何物，而遽取吞之？以古揆今，人情一也，今之愚人未必尔，而谓古圣人之后妃为之，不待辨而明矣。

【译文】

汉人毛公注《诗经·生民》诗，关于姜嫄生育后稷一事的“履帝武敏歆”一句，注释说：“姜嫄配于高辛氏帝喾而为天所见。”《诗经·玄鸟》中，有“天命玄鸟，降而生商”一句，毛公作注说：“春分时燕子飞来，简狄配高辛氏帝喾，帝喾和简狄为求子在郊野向上帝祈祷而生下了商的祖先契，因此他是由天所受命的，在燕子到来时才出生的。”这种说法本来是很明白的。但到东汉郑玄所作的《郑氏笺》中又解释说：“帝，就是上帝。敏，就是大拇指。在郊野为求子祈祷时，见到大人走过的足迹，姜嫄踩进去，其足不能塞满足迹，又去踩大人大拇指的足迹处，姜嫄心体忻然如有人道附身，于是就有了身孕，后来就生下了儿子稷。”又说：“燕子丢下燕蛋，简狄把它吃掉后生下了契。”此说法本出于《史记》,《史记》中说：“姜嫄到野外，见有大人足迹，高兴地踩进去，因而生下了稷。”“简狄正在洗澡，见到燕子产卵下了蛋，拾起后把它吃掉，因此生下了契。”这两则记载非常荒诞无稽，先贤辞而不引用并对它的批驳已经很多了。欧阳修认为后稷、契都不是高辛氏帝喾的儿子，毛公在注《诗》中没有采用《史记》中姜嫄踩巨人足迹的说法，而采用了《史记》所记的世系。据《汉书》记载，毛公是赵地人，曾为河间献王的博士，由此可见他生活在司马迁之前数十年，说他采用《史记》的世次，更是不可能的。大概世次之说，都是出于《世本》一书，其书内容特别荒唐，该书今天已经亡佚。人去野外见到巨大的足迹，逃避还来不及，哪里会有故意踏踩它，以求难以预知的所谓吉祥呢；飞燕掉下的蛋谁知道这是什么东西，难道会有人马上拾起来就吃掉吗？从古到今，人情世故都是一样的，今天的愚人也不会这么做，而他们却说古代圣人的后妃这样做，其荒诞无稽，不用辩驳就已经十分清楚明白了。

佐命元臣

【原文】

盛王创业，必有同德之英辅，成垂世久长之计，不如是，不足以为一代宗臣。伊尹、周公之事见于《诗》《书》，可考也。汉萧何佐高祖，其始入关，即收秦丞相、御史律令图书，以周知天下厄塞，户口多少，强弱处，民所疾苦。高祖失职为汉王，欲攻项羽，周勃、灌婴、樊哙皆劝之，何独曰："今众弗如，百战百败，愿王王汉中，收用巴蜀，然后还定三秦。"王用其言。此刘氏兴亡至计也。进韩信为大将，使当一面，定魏、赵、燕、齐，高祖得颛心与楚角，无北顾忧；且死，引曹参代己，而画一之法成；约三章以蠲秦暴，拊百姓以申汉德。四百年基业，此焉肇之。唐房玄龄佐太宗，初在秦府，已独收人物致幕下，与诸将密相申结，引杜如晦与参筹帷。及为宰相，粲然兴起治功，以州县成天下之治，以租庸调天下之财，以八百府、十六卫本天下之兵，以谏争付王、魏，以兵事付靖、勣，御夷狄有道，用贤材有术。三百年基业，此焉肇之。其后制节度使而州县之治坏，更二税法而租庸之理坏，变府兵为彍骑、诸卫为神策而军政坏，虽有名臣良辅，不能救也。赵韩王佐艺祖，监方镇之势，削支郡以损其强，置转运、通判使掌钱谷以夺其富，参命京官知州事以分其党，禄诸大功臣于环卫而不付以兵，收天下骁锐于殿岩而不使外重。建法立制，审官用人，一切施为，至于今是赖。此三君子之后，代天理物，硕大光明者，世有其人，所谓一时之相尔。萧之孙有罪及无子，凡六绝国，汉辄绍封之。国朝褒录韩王苗裔，未尝或忘。唯房公之亡未十年，以其子故，夺袭爵，停配享，讫唐之世不复续，唐家亦少恩哉！

【译文】

萧　何

有盛德的帝王创业之时，必须有同心同德的英才来辅佐，制定一些长治久安之计，否则的话，就不足以成为一代杰出的大臣。比如名相伊尹、周公，他们的事迹可以从《诗经》《尚书》中考知。萧何辅佐汉高祖，刚进入关中，萧何就把秦朝丞相府、御史大夫府中的律令图书收集起来，认真研究，以便详细了解当时天下的交通要塞，全国户口的多少，强弱的所在，百姓的疾苦。汉高祖被项羽封为汉王后，想进攻项羽，大将周勃、灌婴、樊哙都支持他的想法，而萧何却说："现在我们的军队不如项羽，已是百战百败了，我希望大王您先称王汉中，夺取巴蜀之地作为后方，然后再收复关中。"汉王采纳了他的建议。这是关系到刘氏兴亡的最为重要的一个谋略。又推荐韩信为大将，让他独当一面，平定了魏、赵、燕、齐等国，使刘邦只需和项羽抗衡一角，其他全无后顾之忧，得以专心与楚霸王项羽决战；萧何临死时，举荐曹参代替自己为丞相，使汉初政策较为稳定地执行下去；萧何还在入关中后与百姓约法三章，废除秦朝的许多暴政，以此安抚百姓，申明汉王之德。四百年的汉王朝江山，从此奠定了基础。在唐代，房玄龄辅佐唐太宗也是如此。他最初在秦王李世民府为幕僚时，就注重招揽有才干的人，把他们集中到秦王府中；在争夺皇位的斗争中，他为秦王秘密交结诸将，又引荐杜如晦参与运筹帏幄。等到任宰相，他又致力于治理国家，推行州县制从而使天下大治，使用租庸调制天下的财赋，用八百府、十六卫的府兵制掌握全国的军队，他又把谏诤的职责托付给王珪、魏征，把兵权托付给李靖、李勣，很好地统御了四方的各少数民族，任用贤才都很有办法。可以说，唐朝三百年的基础，由此奠定。后来唐朝在地方设置节度使从而破坏了地方上的州县制，实行二税法从而破坏了原本很好的租庸调制，改府兵为彍骑、诸卫为神策军，使原来的军政遭到破坏。在这种情况下，唐王朝即使有名臣良辅，也难以挽救其灭亡的命运。大宋朝韩王赵普辅佐太祖也是如此，为了控制方镇，削减方镇的地盘，抑制其势力，他献策设置转运使、通判等官职掌握地方财权，使地方财力无法与中央抗衡；又命京官为地方的知州、知县，使地方官不能结党营私；把那些功臣宿将集中到中央授给虚职，只吃俸禄而不掌握军权；把天下的骁勇军队都集中在京师，强干弱枝，不使地方拥兵自重。此外，他关于建法立制，量官用人等一切政策，直到今天我朝还有赖于此。这三位君子以后，以天下为己任、光明磊落的英才，历代都有，这就是所谓的一代贤才良相。萧何的子孙因为有罪或者没有后代继承，共六次绝国，汉朝廷每次都重封萧氏为诸侯。我大宋朝对韩王赵普的后代也很照顾，从来不曾忘却。只有房玄龄死后不到十年，因其子犯罪，被收回封爵，停止其在宗庙中配享的特权，直到唐亡也没有续封其后人，唐王朝对功臣的恩情回报的太少了！

诸葛公

【原文】

诸葛孔明千载人，其用兵行师，皆本于仁义节制，自三代以降，未之有也。盖其操心制行，一出于诚。生于乱世，躬耕陇亩，使无徐庶之一言，玄德之三顾，则苟全性命，不求闻达必矣。其始见玄德，论曹操不可与争锋，孙氏可与为援而不可图，唯荆、益可以取，言如蓍龟，终身不易。二十余年之间，君信之，士大夫仰之，夷夏服之，敌人畏之。上有以取信于主，故玄德临终，至云“嗣子不才，君可自取”；后主虽庸懦无立，亦举国听之而不疑。下有以见信于人，故废廖立而立垂泣，废李严而严致死。后主左右奸辟侧佞充塞于中，而无一人有心害疾者。魏尽据中州，乘操、丕积威之后，猛士如林，不敢西向发一矢以临蜀，而公六出征之，使魏畏蜀如虎。司马懿案行其营垒处所，叹为天下奇才。钟会伐蜀，使人至汉川祭其庙，禁军士不得近墓樵采，是岂智力策虑所能致哉？魏延每随公出，辄欲请兵万人，与会异道会于潼关，公制而不许；又欲请兵五千，循秦岭而东，直取长安，以为一举而咸阳以西可定。史臣谓公以为危计不用，是不然。公真所谓义兵不用诈谋奇计，方以数十万之众，据正道而临有罪，建旗鸣鼓，直指魏都，固将飞书告之，择日合战，岂复翳行窃步，事一旦之谲以规咸阳哉！司马懿年长于公四岁，懿存而公死，才五十四耳，天下祚汉，非人力也。“霸气西南歇，雄图历数屯。”杜诗尽之矣。

【译文】

诸葛孔明是千载伟人，用兵行军、指挥作战，都本着仁义之道，这是自夏商周三代以来，未曾有过的。他的思想行为，一概出于对刘玄德和恢复汉室事业的忠诚。他生在乱世，亲自种田谋生，假使没有徐庶一句话的推荐，玄德三顾茅庐的热忱，那么他必定是苟且保全性命，不求扬名显达。诸葛亮在隆中第一次会见玄德，纵论天下大势时，就提出不可与曹操较量高低，对孙权也只可相互支援而不可图谋，只有荆州、益州可以夺取，这些论断就像蓍占、龟卜一样准确，终其一生的政治经历看，真是不容变更之论。在他掌权的二十多年里，君主信任他，士大夫仰慕他，百姓们都信服他，敌人畏惧他。对上，他以忠诚取得君主的高度信任，所以玄德临死时，甚至对他说出“我的儿子没有才能，你可以自取帝位”的话；后主刘禅虽昏庸无能无所建树，也把整个国家交给他而毫无怀疑。对下，他的才德威望被部属信赖，所以长水校尉廖立与骠骑将军李严虽都被除名为民，但听到诸葛亮病逝的消息后，廖立垂泣不已，李严病发身死。后主左右奸佞之臣充塞宫中，却没有一个人有嫉恨暗害诸葛亮之心的。当魏国完全占领中原之地以后，挟有曹操、曹丕父子生前的积威，军中勇猛的将士如林，却不敢向西派一兵一卒到蜀国，而诸葛亮却率领大军六出祁山、讨伐魏国，致使魏国上下畏惧蜀国如同畏虎一样。司马懿仔细考查诸葛亮军营壁垒后，叹服他是天下奇才。钟会征讨蜀国时，特地派人至汉川祭礼诸葛亮庙，并下令军士，禁止在诸葛墓附近砍柴，这难道是智力高超或谋略过人所能获得的吗？魏延每次随诸葛亮出兵伐魏，总请求拨给自己将士万人，他要仿韩信故事，与诸葛亮暗中会师于潼关，诸葛亮坚决制止；魏延又想请求诸葛亮拨给他将士五千人，他要沿秦岭向东走，直取长安，认为这一军事行动能平定咸阳以西的地区。史臣记载说，诸葛亮认为这是危险之计而不予采纳，其实不然。诸葛亮真是人们所说的正义之师，不用诈谋奇计，正要率领数十万大军，占据通衢要道去讨伐敌人，树起大旗，高鸣战鼓，直指魏国京都，本来要飞骑传书，通知敌方，择定日期交战，怎么会隐密行动暗中行事，以谲诈之计谋图咸阳呢！司马懿比诸葛亮年长四岁，司马懿活着而诸葛亮却不幸死去，享年才五十四岁，上天不保佑汉室，这不是人力所能挽回的。“霸气西南歇，雄图历数屯。”杜甫这两句诗说天命去而汉祚终，是概括尽了。

诸葛亮

陶 渊 明

【原文】

陶渊明高简闲靖，为晋、宋第一辈人。语其饥则箪瓢屡空，瓶无储粟；其寒则短褐穿结，絺绤冬陈；其居则环堵萧然，风日不蔽。穷困之状，可谓至矣。读其《与子俨等疏》云：“恨室无莱妇，抱兹苦心。汝等虽不同生，当思四海皆兄弟之义；管仲、鲍叔，分财无猜。他人尚尔，况同父之人哉！”然则犹有庶子也。《责子》诗云：“雍、端年十三。”此两人必异母尔。渊明在彭泽，悉令公田种秫，曰：“吾常得醉于酒足矣。”妻子固请种秔，乃使二顷五十亩种秫，五十亩种秔。其自叙亦云：“公田之利，足以为酒，故便求之。”犹望一稔而逝，然仲秋至冬，在官八十余日，即自免去职。所谓秫秔，盖未尝得颗粒到口也，悲夫！

【译文】

陶渊明超然、闲静、淡远，是晋宋间的第一流人物。谈到饥饿时，盛饭的筐和瓢常空，家无存粮；说到寒冷他是粗布短衣，尚且破烂不堪，冬天还穿着夏天的单衣，没有什么衣裳可以替换；他的住房是四壁空空，难以遮蔽寒风和太阳。穷困潦倒可谓到了极点。读他的《与子俨等疏》说：“我常恨家中没有一个贤内助来帮助我，只有自己怀抱这样的一片苦心了。你们虽然不是一母所生，也应当思索四海之内皆兄弟的意义；齐国的管仲、鲍叔牙二人是朋友，在经商赢利分财时，无论谁拿的多，都并无猜疑之意。外人尚可以这样，何况你们是同父的兄弟呢！”那么，陶渊明还是有妾生的庶子了。他的《责子》诗说：“雍、端两人年龄都是十三。”看来这两人一定是异母弟兄了。陶渊明在彭泽县做县令时，下令公田全都种成高粱，说：“这样我就能常醉酒了，便心满意足了。”但妻子和儿子坚决请求种粳稻，他就下令让二顷五十亩种高粱好酿酒、五十亩种粳稻可食用。他在自叙中也说："公田的收成，足够酿酒，所以顺便求了彭泽令这个小官。"他本希望种的庄稼熟了，一年后离任，然而从仲秋到冬天，他在官仅八十几天，就自动免官离职。他所盼望地高粱和粳稻，实际上一粒也没吃到口，可叹啊！

东晋将相

【原文】

西晋南渡，国势至弱，元帝为中兴主，已有雄武不足之讥，余皆童幼相承，无足称算。然其享国百年，五胡云扰，竟不能窥江、汉，苻坚以百万之众，至于送死淝水。后以强臣擅政，鼎命乃移，其于江左之势，固自若也，是果何术哉？尝考之矣：以国事付一相，而不贰其任；以外寄付方伯，而不轻其权；文武二柄，既得其道，余皆可概见矣。百年之间，会稽王昱、道子、元显以宗室，王敦、二桓以逆取，姑置勿言，卞壶、陆玩、郗鉴、陆晔、王彪之、坦之不任事，其真托国者，王导、庾亮、何充、庾冰、蔡谟、殷浩、谢安、刘裕八人而已。方伯之任，莫重于荆、徐。荆州为国西门，刺史常都督七八州事，力雄强，分天下半。自渡江讫于太元，八十余年，荷阃寄者，王敦、陶侃，庾氏之亮、翼，桓氏之温、豁、冲、石民八人而已，非终于其军不辄易，将士服习于下，敌从畏敬于外，非忽去忽来，兵不适将，将不适兵之比也。顷尝为主上论此，蒙欣然领纳，特时有不同，不能行尔。

【译文】

西晋南渡之后，国势逐渐衰弱，晋元帝是中兴之主，已遭到"雄武不足"的讥讽，其余的君主都是童年甚至幼年时继承帝位，更加不值一提。然而东晋享国百年之久，北方的各少数民族政权频繁南侵，竟不能攻入江、汉地区，前秦皇帝苻坚以百万大军南下，竟被击溃于淝水边，以致于身亡。后来因为权臣专权，政权才转移，但南方江山长期安然自若，这究竟是什么原因呢？我曾经考察研究过：东晋把国家政事交给丞相，但对其职务不加以牵制；把军事大权托付给方伯，但不削弱他的权力；文武两方面的经营，都能各行其道，其余的问题就可以想见了。东晋百年之间，会稽王司马昱、司马道子、司马元显是以宗室执政，王敦、二桓（桓温、桓冲）则以悖逆掌权，姑且置之不论，卞壶、陆玩、郗鉴、陆晔、王彪之、王坦之无所事事，其实真正能托付国事的，只不过是王导、庾亮、何充、庾冰、蔡谟、殷浩、谢安、刘裕八人罢了。地方行政长官的任用，没有比荆、徐二州更重要的。荆州是国家的西大门，荆州刺史总是统领七八个州的部队，实力雄厚强大，其势力占全国的一半。自晋元帝渡江即位到晋孝武帝太元末，八十余年，担负统兵重任的，不过王敦、陶侃、庾亮、庾翼、桓温、桓豁、桓冲、桓石民八人罢了，若非死于军中，朝廷对他们是不会轻易调动的，所以在下将士们熟悉服从他们，在外敌人敌重惧怕他们，不是那种忽去忽来，兵不适应将、将不适应兵的情况可以比拟的。不久前我曾为皇上论及这个问题，承蒙皇上欣然接受，只是因为时代和形势有所不同，无法实行罢了。

王 导

人君寿考

【原文】

三代以前，人君寿考有过百年者。自汉、晋、唐、三国、南北下及五季，凡百三十六君，唯汉武帝、吴大帝、唐高祖至七十一，玄宗七十八，梁武帝八十三，自余至五六十者亦鲜。即此五君而论之：梁武召侯景之祸，幽辱告终，旋以亡国；玄宗身致大乱，播迁失意，饮恨而没。享祚久长，翻以为害，固已不足言。汉武末年，巫蛊事起，自皇太子、公主、皇孙皆不得其死，悲伤愁沮，群臣上寿，拒不举觞，以天下付之八岁儿。吴大帝废太子和，杀爱子鲁王霸。唐高祖以秦王之故，两子十孙同日并命，不得已而禅位，其方寸为如何？然则五君者虽有崇高之位，享耆耋之寿，竟何益哉！若光尧太上皇帝之福，真可于天人中求之。

【译文】

夏、商、周三代以前，人君长寿有超过百岁的。从汉、晋、唐、三国、南北朝下至五代，总计有一百三十六位君主，只有汉武帝、吴大帝、唐高祖享年七十一岁，唐玄宗七十八岁，梁武帝八十三岁，其余的活到五六十岁的也很少。然而，就这五位长寿之君而论：梁武帝自己招致侯景叛乱的祸端，以幽闭受辱而死，不久国亡；唐玄宗自己招致安史之乱，被迫流亡四川，返京后郁郁寡欢，含恨死去。皇位久长，反是祸害，本来也不值得再说。汉武帝末年，巫蛊事件发生，株连许多人，从皇太子、公主到皇孙都死于非命，汉武帝悲伤、忧愁、沮丧已极，群臣为他祝寿，他竟不举酒杯，临终不得不把天下交给八岁的小孩子刘弗陵。吴大帝废了太子和，又杀掉了爱子鲁王霸。唐高祖因为秦王李世民发动玄武门之变的缘故，两个儿子、十个孙子同一天被杀，他不得已才禅位给秦王，这样看还有什么方寸可谈呢？由此看来，这五个长寿之君虽有崇高的帝位，又享有七八十岁的寿命，最终有什么益处呢！像光尧太上皇帝（即宋高宗赵构）这样的福气，真可谓是只能在天仙中寻找了。

韩文公佚事

【原文】

韩文公自御史贬阳山，新、旧二《唐史》皆以为坐论宫市事。按公《赴江陵途中诗》自叙此事甚详，云："是年京师旱，田亩少所收。有司恤经费，未免烦诛求。传闻闾里间，赤子弃渠沟。我时出衢路，饿者何其稠！适会除御史，诚当得言秋。拜疏移阁门，为忠宁自谋。上陈人疾苦，无令绝其喉。下言畿甸内，根本理宜优。积雪验丰熟，幸宽待蚕麰。天子恻然感，司空叹绸缪。谓言即施设，乃反迁炎洲。"皇甫湜作公《神道碑》云："关中旱饥，人死相枕藉，吏刻取恩，先生列言天下根本，民急如是，请宽民徭而免田租，专政者恶之，遂贬。"

然则不因论宫市明甚。《碑》又书三事云："公为河南令，魏、郓、幽、镇各为留邸，贮潜卒以橐罪亡。公将擿其禁，断民署吏，俟旦发，留守尹大恐，遽止之。是后郓邸果谋反，将屠东都，以应淮、蔡。及从讨元济，请于裴度，须精兵千人，间道以入，必擒贼。未及行，李愬自文城夜入，得元济。三军之士，为公恨。复谓度曰：'今藉声势，王承宗可以辞取，不烦兵矣。'得柏耆，口授其词，使耆执笔书之，持以入镇州，承宗遂割德、棣二州以献。"李翱作公行状，所载略同。而《唐书》并逸其事，且以镇州之功，专归柏耆，岂非未尝见湜文集乎？《资治通鉴》亦仅言耆以策干愈，愈为白度，为书遣之耳。

【译文】

韩 愈

韩愈从监察御史任上被贬到阳山（今属广东），新、旧《唐书》都认为他是因为议论宫市扰民问题而被降罪。按韩愈的《赴江陵途中诗》详细地叙述了此事，说："是年京师旱，田亩少所收。有司恤经费，未免烦诛求。传闻闾里间，赤子弃渠沟。我时出衢路，饿者何其稠！适会除御史，诚当得言秋。拜疏移阁门，为忠宁自谋。上陈人疾苦，无令绝其喉。下言畿甸内，根本理宜优。积雪验丰熟，幸宽待蚕麰。天子恻然感，司空叹绸缪。谓言即施设，乃反迁炎洲。"皇甫湜为韩愈所作的《神道碑》写道："关中大旱，饥荒严重，饿殍遍地，官吏仍勒索百姓以求恩宠，先生上疏说京师为天下根本，百姓遭受如此巨大的灾祸，请求朝廷减少徭役、豁免赋税，执政者因此很憎恶他，就将他贬出京师。"由此可见，韩愈被贬显然并不是因为议论宫市之事。《神道碑》另外又写了三件事说："韩公任河南（治今洛阳）令时，魏州（治今河北大名）、郓州（治今山东郓城县）、幽州（治今北京市）、镇州（治今河北正定）四藩镇各设留守藩邸，暗中蓄养士兵并窝藏逃犯。韩公要揭发他们的违法行为，便布署官吏，先将他们和人民的关系中断，等天明就上报朝廷公布，四镇的留守官员十分惧怕，立即恳求韩公不要上报。此后郓州留邸果然谋反，还妄图血洗东都（今河南洛阳），以响应淮西（今河南汝南、信阳一带）、蔡州的叛乱。等到韩公跟随统帅裴度任行军司马征讨淮西吴元济叛乱时，曾建议裴度派精兵千人从小路进入蔡州，必能擒拿吴元济。裴度未及实行，李愬已自文城（今河南遂平县西南）提兵雪夜入蔡州，擒得吴元济。三军谋略之士，无不为韩公惋惜。韩公又对裴度说：‘如今凭借平定淮西的声势，镇州王承宗可以用言辞说服，就大可不必动用军力了。’于是找到了布衣柏耆，亲自口授了致王承宗的书信，让柏耆笔录下来后，携信进入镇州晓喻王承宗。王慑于兵威，就上表请求割让德、棣二州献给朝廷。”李翱作韩公行状，所记与上述大致相同。新、旧《唐书》都未记载此事，而且把收服镇州，完全归功于柏耆，难道是未曾见皇甫湜的文集吗？《资治通鉴》也只是说柏耆以计策求见韩愈，韩愈替他禀告裴度，写了一封信派柏耆前去镇州罢了。

论韩公文

【原文】

刘梦得、李习之、皇甫持正、李汉，皆称诵韩公之文，各极其挚。刘之语云：“高山无穷，太华削成。人文无穷，夫子挺生。鸾凤一鸣，蜩螗革音。手持文柄，高视寰海。权衡低昂，瞻我所在。三十余年，声名塞天。”习之云：“建武以还，文卑质丧。气萎体败，剽剥不让。拨去其华，得其本根。包刘越嬴，并武同殷。《六经》之风，绝而复新。学者有归，大变于文。”又云：“公每以为自扬雄之后，作者不出，其所为文，未尝效前人之言而固与之并，后进之士有志于古文者，莫不视以为法。”皇甫云：“先生之作，无圆无方，主是归工。抉经之心，执圣之权，尚友作者，跂邪觝异，以扶孔子，存皇之极。茹古涵今，无有端涯。鲸铿春丽，惊耀天下，栗密窈眇，章妥句适，精能之至，鬼入神出，姬氏以来，一人而已。”又云：“属文意语天出，业孔子、孟轲而侈其文，焯焯烈烈，为唐之章。”又云：“如长江秋注，千里一道，然施于灌激，或爽于用。”此论似为不知公者。汉之语云：“诡然而蛟龙翔，蔚然而虎凤跃，锵然而韶钧鸣，日光玉洁，周情孔思，千态万貌，卒泽于道德仁义，炳如也。”是四人者，所以推高韩公，可谓尽矣。及东坡之碑一出，而后众说尽废。其略云：“匹夫而为百世师，一言而为天下法，是皆有以参天地之化，关盛衰之运。自东汉以来，道丧文弊，历唐贞观、开元而不能救，独公谈笑而麾之，天下靡然从公，复归于正。文起八代之衰，道济天下之溺，岂非参天地而独存者乎？”骑龙白云之诗，蹈厉发越，直到《雅》《颂》，所谓若捕龙蛇、搏虎豹者，大哉言乎！

【译文】

刘禹锡、李习之、皇甫持正、李汉，都称赞韩愈的文章，各至其极。刘禹锡的话是这么说的：“高山无穷，太华削成。人文无穷，夫子挺生。鸾凤一鸣，蜩螗革音。手持文柄，高视寰海。权衡低昂，瞻我所在。三十余年，声名塞天。”李习之说：“建武以还，文卑质丧。气萎体败，剽剥不让。拔去其华，得其本根。包刘越嬴，并武同殷。《六经》之风，绝而复新。学者有归，大变于文。”他又说：“韩公老是以为从扬雄以后，就没有真正的作家出现，他所作的文章未曾模仿过前人，却总是能与前贤并驾齐驱，有于志学习古文的年轻人，没有不把他的文章看作楷模的。”皇甫持正说：“先生的文章，没有圆没有方，不拘泥形式，都十分高妙。他深入钻研《六经》的精髓，掌握圣人权衡事物的观点，与天下作家为友，坚决抵制异端邪说，以扶助孔子，捍卫伟大的儒家经典。他的思想包古含今，无边无涯。他的文章笔势雄健，词藻华丽，震惊天下，内容的充实缜密，章句的妥贴美妙，登峰造极，达到出神入化的地步，从周代以来，仅此一人而已。”又说：“先生作文章，立意、语言似乎都是浑然天成，他学习孔子、孟轲并以文章发扬他们的思想，鲜明壮美，是唐代散文的大家。”又说：“先生的文章，如长江秋天的洪流，一泻千里，气势磅礴，但如用于灌溉，则可能是不适用的。”这一论点似乎是不了解韩公的人说的一样。李汉说：“韩公文章的奇诡如蛟龙在飞翔，文采如虎凤跳跃，语言锵铿有力如韶乐鸣奏，文章像太阳那样光芒四射，像宝玉那样晶莹璀璨，表现出孔子的思想，周代六经中的感情，千姿万态，最终是对道德仁义的润泽、表现，这是很明显的。”这四个人对韩公的推崇可谓到极点了。及至苏东坡的《韩文公庙碑》一问世，所有的评说都销声匿迹了。苏东坡说：“一个普通的人却成为百代宗师，说出一句话能成为天下人效法的准则，这是因为他和天地的化育万物并论，与国家危亡联在一起。从东汉以来，儒道衰败，文风败坏，经过唐朝贞观、开元两个盛世也不能挽救，只有韩文公谈笑着挥斥邪说，天下人疯狂地跟随他，使思想和文风重新回到正道上来。他的文章使东汉、魏、晋、宋、齐、梁、陈、隋八代以来衰败的文风得到振兴；他宣扬儒道，把天下人从沉溺中拯救出来，这难道不是赞助天地、关系盛衰、浩大独立的正气吗？”在碑文后面，苏东坡又写了一首骑龙遨游白云乡的诗，慷慨激越，直追《诗经》中《雅》《颂》的风格，正是所谓的如捕龙蛇，搏虎豹似的，苏轼的语言气势真大啊！

霍光赏功

【原文】

汉武帝外事四夷，出爵劝赏，凡将士有军功，无问贵贱，未有不封侯者。及昭帝时，大鸿胪田广明平益州夷，斩首捕虏三万，但赐爵关内侯。盖霍光为政，务与民休息，故不欲求边功，益州之师不得已耳，与唐宋璟抑郝灵佺斩默啜之意同。然数年之后，以范明友击乌桓，傅介子刺楼兰，皆即侯之，则为非是。盖明友，光女婿也。

【译文】

汉武帝对外治理少数民族时，利用爵位鼓励奖赏将士，只要将士有了军功，不论出身显贵或低贱，没有不封侯的。等到汉昭帝时，掌管外交礼仪的大鸿胪田广明平定益州少数民族，斩杀并捕获俘虏了三万人，只被赏赐关内侯的爵位。因为霍光处理政务，力求让百姓休养生息，因此不企求在边地建立战功，益州之战是不得已的，这跟唐代宋璟抑制郝灵佺斩杀突厥可汗默啜的情况相同。但是几年之后，霍光派范明友攻击乌桓，派傅介子刺杀楼兰王，成功之后，都马上给他们封侯，这就不对了。大概是因为范明友是霍光的女婿吧。

李　广

汉文失材

【原文】

汉文帝见李广曰："惜广不逢时，令当高祖世，万户侯岂足道哉！"贾山上书言治乱之道，借秦为喻，其言忠正明白，不下贾谊，曾不得一官。史臣犹赞美文帝，以为山言多激切，终不加罚，所以广谏争之路。观此二事，失材多矣。吴、楚反时，李广以都尉战昌邑下显名，以梁王授广将军印，故赏不行。武帝时，五为将军击匈奴，无尺寸功，至不得其死。三朝不遇，命也夫！

【译文】

汉文帝召见李广说："可惜李广生不逢时，如果处在高祖时代，封个万户侯又有什么可说的！"贾山上书谈论治理乱世的方法，借用秦朝的事打比方，他的言论忠烈正直、明白畅晓，不比贾谊差，但不曾得到一官半职的。但是史官们仍然称誉赞颂汉文帝，认为贾山的言辞过于激烈热切，最后也没有受到责罚，这是汉文帝用来广开劝说帝王言路的方法。考察这两件事，汉文帝丧失人才太多了。吴国、楚国反叛时，李广任都尉在昌邑作战而名扬四方，但由于梁王授予李广将军之印，违背了禁忌，因此没有得到奖赏。汉武帝的时候，李广五次作为将军攻打匈奴，没有为他建立任何功名，到最后也没有得到任何功而自杀掉。李广历经文帝、景帝、武帝三朝，却没有得到知遇之礼，这真是命啊！

唐三杰

【原文】

汉高祖以萧何、张良、韩信为人杰，此三人者真足以当之也。唐明皇同日拜宋璟、张说、源乾曜三故相官，帝赋《三杰诗》，自写以赐。其意盖以比萧、张等也。说与乾曜岂璟比哉？明皇可谓不知臣矣。

【译文】

汉高祖把萧何、张良、韩信三人看成是人中豪杰，这三个人也是足以当为人杰的了。唐明皇在同一天授予宋璟、张说、源乾曜三位前丞相官职，皇帝作了《三杰诗》，亲自书写来赐赠给他们。他这样做大概是把这三人比作萧何、张良等人。张说和源乾曜难道能跟宋璟类比吗？唐明皇可以说不了解大臣了。

忠义出天资

【原文】

忠义守节之士，出于天资，非关居位贵贱、受恩深浅也。王莽移汉祚，刘歆以宗室之隽，导之为逆，孔光以宰相辅成其事。而龚胜以故大夫守谊以死。郭钦、蒋诩以刺史、郡守，栗融、禽庆、曹竟、苏章以儒生，皆去官不仕。陈咸之家，至不用王氏腊。萧道成篡宋，褚渊、王俭奕世达官，身为帝甥、主婿，所以纵臾灭刘，唯恐不速。而死节者乃王蕴、卜伯兴、黄回、任侯伯之辈耳。安禄山、朱泚之变，陈希烈、张均、张垍、乔琳、李忠臣，皆以宰相世臣，为之丞弼。而甄济、权皋、刘海宾、段秀实，或以幕府小吏，或以废斥列卿，捐身立节，名震海内。人之贤不肖，相去何止天冠地屦乎！

【译文】

忠义而保持节操的人，出自于他们的天资，跟所处地位的高低、所受恩惠的多少没有关系。王莽篡夺了汉朝的皇位，刘韵身为汉朝宗室中才智出众的人物却引导王莽叛逆，孔光身为宰相也辅佐他成其事。而龚胜作为免职大夫因为遵守道义而死。郭钦、蒋诩作为刺史、郡守，栗融、禽庆、曹竟、苏章作为读书人，都抛弃官职不求仕进。陈咸的家中，甚至不采用王莽的年终祭礼。萧道成篡夺了南朝宋的政权，褚渊、王俭出身历代显赫的官宦人家，身为皇帝的外甥、主上的女婿，却怂恿颠覆刘宋的政权，唯恐不够快速。保持气节而死的人竟是王蕴、卜伯兴、黄回、任候伯之类的小臣。安禄山、朱泚叛乱，陈希烈、张均、张垍、乔琳、李忠臣，都以宰相大臣的身份辅佐他们。而甄济、权皋、刘海宾、段秀实，有的作为军营公署中的小官，有的作为被罢免贬斥的大臣，献身而保持了名节，声名震动全国。人是否贤良，相差的何止只是天上地下呀！

高科得人

【原文】

国朝自太平兴国以来，以科举罗天下士，士之策名前列者，或不十年而至公辅。吕文穆公蒙正、张文定公齐贤之徒是也。及嘉祐以前，亦指日在清显。东坡《送章子平序》，以谓仁宗一朝十有三榜，数其上之三人，凡三十有九，其不至于公卿者，五人而已。盖为士者知其身必达，故自爱重而不肯为非，天下公望亦以鼎贵期之，故相与爱惜成就，以待其用。至嘉祐四年之制，前三名始不为通判，第一人才得评事、签判，代还升通判，又任满，始除馆职。王安石为政，又杀其法，恩数既削，得人亦衰矣。观天圣初榜，宋郑公郊，叶清臣、郑文肃公戬、高文庄公若讷、曾鲁公公亮五人连名，二宰相、二执政、一三司使。第二榜，王文忠公尧臣、韩魏公琦、赵康靖公概连名。第三榜，王宣徽拱辰、刘相沆、孙文懿公抃连名。杨置榜，置不幸即死，王岐公珪、韩康公绛、王荆公安石连名。刘辉榜，辉不显，胡右丞宗愈、安门下焘、刘忠肃公挚、章申公惇连名。其盛如此。治平以后，第一人作侍从，盖可数矣。

【译文】

宋朝自从太平兴国以来，用科举来搜罗天下的仁人志士，策试名列前茅的

宋仁宗赵祯

士人，有的不出十年官职就升到三公或辅相了。文穆公吕蒙正、文定公张齐贤等人就是这样。等到嘉祐年间以前，进士也可以不废时日就可捞到高官。苏东坡《送章子平序》说，宋仁宗一朝公布了十三次科举文榜，统计其中前三名，共有三十九人，这些人中，只有五名没有升到公卿之位。因为作为进士知道自己一定会显达，所以就特别注重自爱自重不做为非作歹的事情，社会公众也认为他们的显贵是指日可期的，所以对他们都爱护尊敬，帮助他们成就功名，等待将来的重用。到嘉祐四年（1059）的制度改革，前三名才开始不再任通判，第一名仅能得到个评事、签判，一步步升到通判，又任职期满，才授予馆阁大臣之职。王安石执政时，又降低了任职等级，恩惠的数量既然减削了，得到的人才也就衰减了。观察天圣年的首次科举名榜，郑公宋郊、叶清臣、文肃公郑戬、文庄公高若讷、鲁公曾公亮五人名次相连，两人做了宰相，两人做了参执政事，一人做了三司使。第二榜，文忠公王尧臣、魏公韩琦、康靖公赵概名次相连。第三榜，宣徽使王拱辰、宰相刘沆、文懿公孙抃名次相连。杨置那一榜，杨置不幸死去，岐公王珪、康公韩绛、荆公王安石连名。刘辉那一榜，刘辉没有显贵，右丞胡宗愈、门下侍郎安焘、忠肃公刘挚、申公章惇名次相连。人才是多么繁盛！治平年间以后，进士升职就没有这么快了，科试第一名当上侍从的官职，寥寥可数。

宰我不诈

【原文】

宰我以三年之丧为久，夫子以食稻衣锦问之曰："于女安乎？"曰："安。"后人以是讥宰我，谓孔门高第乃如是。殊不知其由衷之言，不为诈隐，所以为孔门高第也。鲁悼公之丧，孟敬子曰："食粥，天下之达礼也，吾三臣者之不能居公室也，四方莫不闻矣。勉而为瘠，毋乃使人疑夫不以情居瘠者乎哉！我则食食。"乐正子春之母死，五日而不食，曰："吾悔之，自吾母而不得吾情，吾恶乎用吾情！"谓勉强过礼也。夫不情之恶，贤者所深戒，虽孟敬子之不臣，宁废礼食食，不肯不情而为瘠。盖先王之泽未远，故不肖者亦能及之。

【译文】

宰我认为三年的服丧期太久，孔夫子就以在服丧期间吃好饭穿锦衣来问他：“你心里安不安呢？”宰我说：“安。”后来人们就根据这件事讥讽宰我，说孔子门下的高徒竟然会这样。殊不知宰我说这番话是由衷的，没有存有丝毫欺骗和隐瞒，这正是作为孔子门下高徒的优点。鲁悼公的丧礼期间，孟敬子说：“服丧期间吃粥食，这是天下通常的礼节。我们三个做臣子的不能效忠于君主，这是四方的国家都知晓的。如果勉强吃粥服丧，就会瘠疲，这样也并不能让人们不怀疑我们的瘠疲不是因为真情所致啊！我们就吃正常的饮食吧。”乐正子春的母亲死后，他五天不吃东西，后来说：“我因此而后悔，我母亲自从去世，就不可能再知道我的真情了，这样我还怎么去运用感情呢！”这是说自己勉强矫情，已超乎礼节之外了。不运用真实情感的恶行，是贤明的人深深戒忌的，即使像孟敬子这种不守臣道的人，也宁愿放弃礼节而吃正常的饮食，不肯违背而受瘠疲。大概是先王的恩泽还没有远尽，因此连不贤良的人也能受到影响吧！

古彝器

【原文】

三代彝器，其存至今者，人皆宝为奇玩。然自春秋以来，固重之矣。经传所记，取郜大鼎于宋，鲁以吴寿梦之鼎贿荀偃，晋赐子产莒之二方鼎，齐赂晋以纪甗、玉磬，徐赂齐以甲父之鼎，郑赂晋以襄钟，卫欲以文之舒鼎、定之鞶鉴纳鲁侯，乐毅为燕破齐，祭器设于宁台，大吕陈于元英，故鼎反乎历室是已。

【译文】

夏商周三代的青铜器，到现在还能保存下来的，人们都珍视它并作为奇异古玩。其实自春秋以来，它们就已很受重视了。历史文献上有很多记载，在宋国取走了郜国大鼎，鲁国用吴国的寿梦鼎送给荀偃，晋国赐给子产莒国的两个方鼎，齐国用纪祐、玉磬馈赠给晋国，徐国赠给齐国甲父鼎，郑国把襄钟送给晋国，卫国想把文氏的舒鼎、定氏的鞶鉴献给鲁侯，乐毅替燕国打败齐国，把祭祀的青铜器安设在宁台，把奏乐协律用的青铜器大吕钟陈列在元英宫，因此原来的鼎器运回到历室宫中。

战国自取亡

【原文】

秦以关中之地，日夜东猎六国，百有余年，悉禽灭之。虽云得地利，善为兵，故百战百胜，以予考之，实六国自有以致之也。韩、燕弱小，置不足论。彼四国者，魏以惠王而衰，齐以闵王而衰，楚以怀王而衰，赵以孝成王而衰，皆本于好兵贪地之故。魏承文侯、武侯之后，表里山河，大于三晋，诸侯莫能与之争。而惠王数伐韩、赵，志吞邯郸，挫败于齐，军覆子死，卒之为秦所困，国日以蹙，失河西七百里，去安邑而都大梁，数世不振，讫于殄国。闵王承威、宣之后，山东之建国莫强焉；而狃于伐宋之利，南侵楚，西侵三晋，欲并二周为天子，遂为燕所屠。虽赖田单之力，得复亡城，子孙沮气，孑孑自保，终堕秦计，束手为虏。怀王贪商於六百里，受诈张仪，失其名都，丧其甲士，不能取偿，身遭囚辱以死。赵以上党之地，代韩受兵，利令智昏，轻用民死，同日坑于长平者过四十万，几于社稷为墟，幸不即亡，终以不免。此四国之君，苟为保境睦邻，畏天自守，秦虽强大，岂能加我哉！

【译文】

秦国凭借关中的地理优势，日夜向东攻取六国，在百余年的时间里，终于消灭了六个国家。虽然说秦国占着地理优势，善于用兵，因此百战百胜，但根据我的考察，实际上六国自己也有导致灭亡的内部原因。韩国、燕国弱小，姑且放在一边，不作讨论。其他四个国家，魏国在魏惠王时衰亡，齐国在齐闵王时衰亡，楚国在楚怀王时衰亡，赵国在赵孝成王时衰亡，根本原因都在于穷兵黩武、贪图土地。魏国的魏文侯、魏武侯之后，以大山黄河作为屏障，在三晋中最强大，其他诸侯没有力量与之相抗争。而魏惠王多次攻伐韩国、赵国，想要吞并邯郸，结果被齐国挫败，军队覆没，太子身亡，最后为秦国所困，国势日益衰败，随后失去了黄河以西七百里的土地，被迫离开安邑而在大梁建都，几代不能振兴，终于国家灭亡了。齐闵王承接齐威王、齐宣王之后，崤山以东的诸侯国没有比它强的；却拘泥于攻伐宋国的利益，又向南侵犯楚国，向西进攻韩、魏、赵，还想将东周、西周的土地吞为己有，结果遭到燕国的屠戮。虽然依赖田单的力量，得以收复失去的城池，但齐的子孙从此一蹶不振，孤孤零零只求自保，最终中了秦国的计谋，束手就擒。楚怀王因贪图商於的六百里土地，被张仪所欺骗，失去了都城，丧失了军队士卒，最终也不能取得补偿，自己遭到囚禁屈辱而死。赵国因为想得到韩国的上党之地，替韩国承受了战争，利益使理智昏乱，轻率地使人民死于战场，结果一日间在长平被秦军坑杀的人超过四十万，国家几乎成了废墟，幸而没有马上灭亡，但最终还是不能幸免。这四个国家的君主，如果能够保护疆域，与邻国友好相处，以敬畏上苍的心态自守家园，秦国虽然强大，又能对他们怎么样呢！

临敌易将

【原文】

临敌易将，固兵家之所忌，然事当审其是非，当易而不易，亦非也。秦以白起易王龁而胜赵，以王翦易李信而灭楚，魏公子无忌易晋鄙而胜秦，将岂不可易乎？燕以骑劫易乐毅而败，赵以赵括易廉颇而败，以赵葱易李牧而灭，魏使人代信陵君将，亦灭，将岂可易乎？

【译文】

在临战面对敌人时换掉将领，当然是兵家大忌，然而对事情应该审视它的利与弊，该更换的而不更换，这也不对。秦国用白起代替王龁战胜了赵国，用王翦替换李信而消灭了楚国，魏公子无忌取代晋鄙战胜了秦国，难道将领不能更换吗？燕国用骑劫代替乐毅而战败，赵国用赵括代替廉颇而战败，用赵葱代替李牧从而使赵国灭亡了，魏国派人代替信陵君为将，也遭到灭亡，将领难道可以更换吗？

将帅贪功

【原文】

以功名为心，贪军旅之寄，此自将帅习气，虽古来贤卿大夫，未有能知止自敛者也。廉颇既老，饭斗米，肉十斤，被甲上马，以示可用，致困郭开之口，终不得召。汉武帝大击匈奴，李广数自请行，上以为老，不许。良久乃许之，卒有东道失军之罪。宣帝时，先零羌反，赵充国年七十余，上老之，使丙吉问谁可将，曰："亡逾于老臣者矣。"即驰至金城，图上方略，虽全师制胜，而祸及其子卬。光武时，五溪蛮夷畔，马援请行，帝愍其老，未许。援自请曰："臣尚能被甲上马。"帝令试之，援据鞍顾盼，以示可用。帝笑曰："矍铄哉是翁也！"遂用为将，果有壶头之厄。李靖为相，以足疾就第，会吐谷浑寇边，即往见房乔曰："吾虽老，尚堪一行。"既平其国，而有高甑生诬罔之事，几于不免。太宗将伐辽，召入谓曰："高丽未服，公亦有意乎？"对曰："今疾虽衰，陛下诚不弃，病且瘳矣。"帝悯其老，不许。郭子仪年八十余，犹为关内副元帅，朔方、河中节度，不求退身，竟为德宗册罢。此诸公皆人杰也，犹不免此，况其下者乎！

【译文】

把功名放在心上，热衷于寄身军队之中，这自然是将帅的习气，即使是古代以来贤明的卿大夫，也没有能够自我退止和收敛的。廉颇老了以后，每顿还吃一斗米、十斤肉，披铠甲、上战马，以表示还可以被任用，即使堵上郭开的嘴让他没理由说廉颇老了，最终却仍不能被召用。汉武帝大举进击匈奴，李广屡次请求参战，皇上认为他老了，不同意。李广请求了很久才同意，最后犯了迷失方向贻误军机的罪过。宣帝时，先零羌反叛，赵充国七十多岁了，皇上认为他太老了，让丙吉问他谁可以当将领，赵充国说："没有谁能胜得了我。"于是奔驰到金城，画出北方的疆界，虽然保全了军队取得了胜利，但却使他的儿子赵印遭到灾祸。汉光武帝时，五溪的少数民族反叛，马援请求出征，光武帝悯恤他年老，没有同意。马援请求说："我还能够披甲跨马。"光武帝命令让他试一试，马援跨上马鞍左顾右盼，以表示可被任用。光武帝笑道："这个老者真是勇健啊！"于是用他为将，果然在壶头山遭到厄运。李靖当过宰相，因为脚有毛病辞职，遇上吐谷浑进犯边疆，就去见房乔说："我虽然老了，但还能出征一次。"平定了吐谷浑国，却有遭到高甑生诬陷欺骗的事，几乎不能幸免。唐太宗打算攻打辽东，召他进来对他说："高丽没有臣服，你也有出征的意思吗？"他回答说："虽然我有病现在衰弱，但陛下如果真的不嫌弃我的话，我的病就快好了。"皇帝怜悯他年龄老了，不同意。郭子仪八十多岁，还当着关内副元帅和朔方、河中节度使，不想辞职退居，竟是被唐德宗下令罢免的。这些人都是人中英杰，还不能免于贪功求名，何况比他们低下的人呢！

马 援

汉二帝治盗

【原文】

汉武帝末年，盗贼滋起，大群至数千人，小群以百数。上使使者衣绣衣，持节虎符，发兵以兴击，斩首大部或至万余级。于是作"沉命法"，曰："群盗起不发觉，觉而弗捕满品者，二千石以下至小吏主者皆死。"其后小吏畏诛，虽有盗，弗敢发，恐不能得，坐课累府，府亦使不言。故盗贼浸多，上下相为匿，以避文法焉。光武时，群盗处处并起。遣使者下郡国，听群盗自相纠擿，五人共斩一人者除其罪。吏虽逗留回避故纵者，皆勿问，听以禽讨为效。其牧守令长坐界内有盗贼而不收捕者，及以畏愞捐城委守者，皆不以为负，但取获贼多少为殿最，唯蔽匿者乃罪之。于是更相追捕，贼并解散。此二事均为治盗，而武帝之严，不若光武之宽，其效可睹也。

【译文】

汉武帝末年，盗贼滋生，大的盗匪群多达数千人，小的也有一百多人。皇上派使者穿上乡衣，拿着符节凭证，派军队进行攻击，斩首大部甚至有的达一万多首级。于是建立“沉命法”，法律规定：“成群的盗匪出现没有发觉，发觉了而没有捕获到规定的标准的，二千石以下的官员到下级官吏负责这件事的人都处以死刑。”这以后下级官吏害怕被杀，即使有盗贼也不敢上报，唯恐不能捕获，违犯规定连累郡府，郡府也让他们不要上报。因此盗贼越来越多，上上下下却相互隐瞒，以躲避法令条文的制裁。汉光武帝时，成群的盗贼到处兴起。汉光武帝派遣使者下到各郡，接受盗贼们自己相互纠纷揭发，五个人共同斩杀一人的，免除他们的罪行。官吏们即使停留拖延、回避不前、故意放纵盗贼的，都不加追问，只以捉获讨伐的成效论处。那些郡守、县令犯了管辖区域内有盗贼而不收容捕捉的罪过的，以及因为害怕软弱丢弃城池和职守的人，都不看作过失，只根据捕获盗贼的多少来评定优劣，只有犯包庇隐瞒的人才判罪。于是互相追捕，盗贼们都解体逃散。这两件事都是治理盗贼的，而汉武帝的严厉，不如汉光武帝的宽缓，其效果是很容易看见的。

汉唐封禅

【原文】

汉光武建武三十年，车驾东巡，群臣上言，即位三十年，宜封禅泰山。诏曰：“即位三十年，百姓怨气满腹，吾谁欺？欺天乎！何事污七十二代之编录！若郡县远遣吏上寿，盛称虚美，必髡令屯田。”从此群臣不敢复言。后二年，上斋，夜读《河图会昌符》，曰“赤刘之九，会命岱宗”。感此文，乃诏梁松等案索《河》《洛》谶文言九世封禅事者，遂奏三十六事，于是求武帝元封故事，以三月行封禅礼。唐太宗贞观五年，群臣以四夷咸服，表请封禅，诏不许。六年，复请，上曰：“卿辈皆以封禅为帝王盛事，朕意不然。若天下乂安，家给人足，虽不封禅，庸何伤乎？昔秦始皇封禅，而汉文帝不封禅，后世岂以文帝之贤不及始皇邪？且事天扫地而祭，何必登泰山之颠，封数尺之土，然后可以展其诚敬乎？”已而欲从其请，魏郑公独以为不可，发六难以争之，至以谓崇虚名而受实害。会河南北大水，遂寝。十年，复使房乔裁定其礼，将以十六年二月有事于泰山，会星孛太微而罢。予谓二帝皆不世出盛德之主，灼知封禅之非，形诸诏告，可谓著明。然不能几时，自为翻覆。光武惑于谶记，太宗好大喜名，以今观之，盖所以累善政耳。

【译文】

汉光武帝建武三十年（54），刘秀乘车到东部巡视，众大臣进言说，皇帝即位三十年了，应该到泰山举行封禅大礼。光武帝下诏说：“我即位三十年，老百姓怨气满腹连天，我这样做欺骗谁？欺骗上苍吗！为什么要玷污古来封禅泰山的七十二代帝王的记录呢！如果各郡各县从远地派官员来祝寿，以热烈的称誉作出虚假的赞美，一定判以剃发的刑罚，并让他去垦荒种田。”从这以后，大臣们不敢再说封禅的事了。过了两年，汉光武进行斋戒，在晚上读《河图会昌符》，书上说：“赤刘之九，会命岱宗（崇尚红色的刘姓皇帝的第九代，应该到泰山盟会祭报天命）。”受这篇文章而大为感悟，就下令让梁松等查阅《河图》《洛书》中说到第九代祭天地的文字，于是大臣们上报说有关的谶文有三十六条。于是推求汉武帝元封年间的封禅之制，在三月举行封禅大礼。唐太宗贞观五年（631），大臣们认为四方各族都臣服于唐了，就上表请求皇上祭拜天地，皇上不同意。唐贞观六年（632），又请求，皇上说：“你们都把祭拜天地的典礼看成是帝王的盛大的事情，我倒不这样认为。如果全国的社会安定，家家富裕，人人丰足，即使不举行祭天典礼，又有什么妨碍呢？当年秦始皇举行过祭天地的典礼，而汉文帝没有举行过祭天地的典礼，后代难道会认为汉文帝没有秦始皇贤明吗？再说敬奉上天只要清除尘土就可以祭拜了，为什么一定要登上泰山顶峰，筑起几尺高坛，这才可以表示对天地的崇敬诚心呢？”不久又想恩准大臣们的请求，唯独魏征认为不可以，他发出六次责难来争辩，甚至说祭祀天地的大典是崇尚虚妄的名声而会造成实际的害处。由于碰上黄河南北发生大水灾，这件事就停止了。贞观十年((636)，太宗又让房乔考虑决定这项典礼，将要在贞观十六年（642）二月在泰山上举行，又碰上彗星出现在太微垣而作罢。

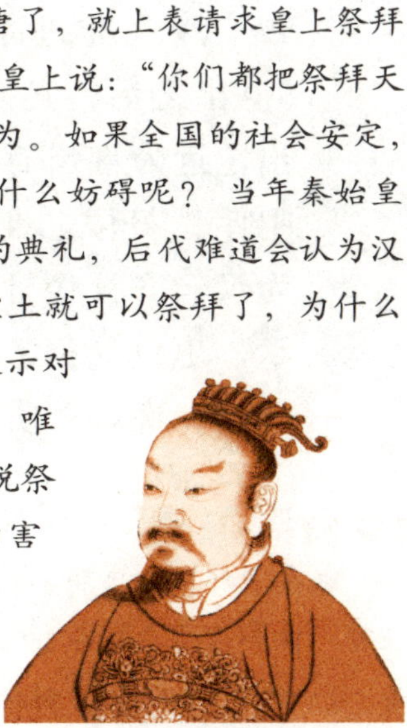

汉光武帝刘秀

我认为，这两个皇帝都是世上罕有的具有崇高威望的君主，清楚地知道封禅的弊端，并记录在他们的诏令之中，可以说英明卓著。然而没有多长时间，又自己颠覆了自己先前做的决定。汉光武被谶语预言所迷惑，唐太宗则喜好做大事、成大名，现在看来，这是影响了良好政治的缘由。

何进　高睿

【原文】

东汉末，何进将诛宦官，白皇太后悉罢中常侍、小黄门，使还里舍。张让子妇，太后之妹也。让向子妇叩头曰："老臣得罪，当与新妇俱归私门，唯受恩累世，今当远离宫殿，愿复一入直，得暂奉望太后颜色，死不恨矣。"子妇为言之，乃诏诸常侍皆复入直。不数日，进乃为让所杀，董卓随以兵至，让等虽死，汉室亦亡。北齐和士开在武成帝世，奸蠹败国。及后主嗣立，宰相高睿与娄定远白胡太后，出士开为兖州刺史。后欲留士开过百日，睿守之以死，苦言之。士开载美女珠帘赂定远曰："蒙王力，用为方伯，今当远出，愿得一辞觐二宫。"定远许之，士开由是得见太后及帝，进说曰："臣出之后，必有大变，今已得人，复何所虑。"于是出定远为青州而杀睿。后二年，士开虽死，齐室亦亡。呜呼！奸佞之难去久矣！何进、高睿，不惜陨身破家，为汉、齐社稷计，而张让、士开以谈笑一言，变如反掌，忠良受祸，宗庙为墟。乃知背胁瘭疽，决之不可不速；虎狼在阱，养之则自贻害。可不戒哉！

【译文】

东汉末年，何进将要诛除宦官，禀告皇太后，罢免所有的中常侍和小黄门，让他们回到私宅去。张让的儿媳是太后的妹妹。张让向儿媳磕头说："老臣我获罪，应当跟媳妇一起回到私人宅第中去，只是因为好几代受到皇恩，现在要远离皇宫，希望能再进宫服侍一次，能够暂时侍奉太后、远远地望见太后的颜面脸色，死了也没有什么后悔的了。”儿媳妇将他的话转告了太后，于是下令常侍都再进宫侍奉。没几天，何进就被张让杀了，董卓随后领兵到来，张让等人虽然死了，汉朝也覆亡了。北齐的和士开在齐武成帝朝中，奸邪腐败，败坏国家。后来后主接替父亲的皇位，宰相高睿跟娄定远禀告胡太后，派和士开离京去任兖州刺史。太后想留和士开一百天，高睿以死坚持，苦口相劝。和士开用车载着美女珠帘送给娄定远说：“蒙大王您出力相助，我被任用为地方长官，现在该远行外出了，希望能觐见二宫（太后与皇帝） 做告辞。”娄定远同意了他，和士开因此见到了太后和后主，并且进言说：“我出宫以后，朝内必有大变之事发生，现在已经能够进宫了，又有什么可以忧虑的呢！”于是把娄定远贬为青州刺史，并且杀了高睿。两年后，和士开虽然死了，齐朝也灭亡了。唉！奸邪的坏人难以除掉，历史上早有其事了！ 何进、高睿，不惜牺牲自己家破人亡，而为汉朝、北齐的国运考虑，却被张让、和士开用一句谈笑的话改变了过来，易如反掌，忠良的大臣受到灾祸，祖先的江山成为废墟。从这里可以知道，背上肋下的疮疽，不能不及早割除；猛兽落入陷阱，养着它就会自留祸害。这怎么能够不引以为戒呢！

汉景帝忍杀

【原文】

汉景帝恭俭爱民，上继文帝，故亦称为贤君。考其天资，则刻戾忍杀之人耳。自在东宫时，因博戏杀吴太子，以起老濞之怨。即位之后，不思罪己，一旦于三郡中而削其二，以速兵端。正信用晁错，付以国事，及爰盎之说行，但请斩错而已，帝令有司劾错以大逆，遂父母妻子同产皆弃市。七国之役，下诏以深入多杀为功，比三百石以上皆杀，无有所置，敢有议诏及不如诏者，皆要斩。周亚夫以功为丞相，坐争封匈奴降将事病免，心恶之，赐食不置箸，叱之使起，昧于敬礼大臣之义，卒以非罪置之死，悲哉！ 光武遣冯异征赤眉，敕之曰：“征伐非必略地屠城，要在平定安集之耳。诸将非不健斗，然好虏掠。卿本能御吏士，念自修敕，无为郡县所苦。”光武此言，视景帝诏书，为不侔矣。

【译文】

汉景帝

汉景帝谦恭俭约、爱民如子，上承汉文帝，因此也被称为贤君。但考察他的天性，却是个苛刻凶暴、残忍好杀的人。自从他在东宫当太子时，就因为赌博游戏而杀了吴国太子，因而引起吴王刘濞的怨恨。即位以后，不加思虑自己的错误，一天把三个郡国削减了两个，因而加速了战火争端。当时正相信任用晁错，把国家大事交付给他，但等到爰盎加害晁错的主张实施时，虽然只请求斩杀晁错一个人，汉景帝却命令官员们弹劾晁错有叛逆大罪，于是连他的父母、妻子、儿女、兄弟们都杀害了。在跟吴、楚等七国的战役中，下诏命令将士以深入七国多杀乱军为功劳，于是俸禄相当于三百石以上的官员都被杀死，一个都不放过，如果敢有对命令存有疑议以及不按诏令行事的，都要腰斩。周亚夫因立战功当了丞相，又因为给匈奴的降将争得封爵而犯罪，由于生病幸免于难。汉景帝心中十分厌恶，常赐饮食却不给他安排碗筷，呵斥并让他站起来，冒昧且违背了对臣子的礼道教义，终于根据不正当的罪名把周亚夫置于死地，可悲呀！汉光武帝派遣冯异去征讨赤眉军，命令他说："征战讨伐不一定非要掠夺土地屠杀人民，关键在于平定安抚百姓。将领们不是不勇健能战，但是太喜欢抢夺杀掠了。你本来善于控制官吏士人，希望你自我修整，不要做令人民感到痛苦的事。"汉光武帝的这番话，比起汉景帝的诏令来，二者是不能相提并论的了。

燕昭、汉光武之明

【原文】

乐毅为燕破齐，或谗之昭王曰："齐不下者两城耳，非其力不能拔，欲久仗兵威以服齐人，南面而王耳。"昭王斩言者，遣使立毅为齐王。毅惶恐不受，以死自誓。冯异定关中，自以久在外，不自安。人有章言异威权至重，百姓归心，号为"咸阳王"，光武以章示异。异上书谢，诏报曰："将军之于国家，恩犹父子，何嫌何疑，而有惧意？"及异破隗嚣，诸将欲分其功，玺书诮大司马以下，称异功若丘山。今人咸知毅、异之为名将，然非二君之明，必困谗口矣。田单复齐国，信陵君败秦兵，陈汤诛郅支，卢植破黄巾，邓艾平蜀，王濬平吴，谢安却苻坚，慕容垂挫桓温，史万岁破突厥，李靖灭吐谷浑，郭子仪、李光弼中兴唐室，李晟复京师，皆有大功于社稷，率为谮人所惎，或至杀身。区区庸主不足责，唐太宗亦未能免。营营青蝇，亦可畏哉！

【译文】

乐毅为燕王攻打齐国，于是有人在燕昭王面前说他的坏话："齐国没被攻下的城只有两座了，不是乐毅的力量不能攻下来，而是他想长久地依仗军事威力使齐国人服他，之后好自己称王罢了。"燕昭王斩杀了说坏话的人，派使者立乐毅为齐王。乐毅惊慌害怕不肯接受，以死来发誓。冯异平定了关中，认为自己在外面时间长了，心里不安。有人上奏章说冯异威望权力最重，百姓都诚心归顺他，称他为"咸阳王"，汉光武帝把奏章交给冯异看。冯异上书谢罪，光武帝回诏说："你对于我的恩情，就如同父子一般，有什么嫌疑，却有恐惧之意呢？"等到冯异打败隗嚣，将领们想分得冯异的战功，皇上下诏书谴责大司马以下的将领，称赞冯异的功劳如同山丘。现在人们都知道乐毅、冯异是著名的将领，但是如果没有遇到二位英明的君主，他们一定会被说坏话的人坑害。田单恢复齐国，信陵君打败秦国军队，陈汤攻杀郅支，卢植打败黄巾军，邓艾平定蜀国，王濬平定吴国，谢安击退苻坚，慕容垂挫败桓温，史万岁打败突厥，李靖消灭吐谷浑，郭子仪、李光弼平定安史之乱重新振兴唐朝，李晟收复京师，都是对国家有巨大功劳，却都遭到诬陷者的忌恨，有的甚至被杀害。无足轻重的平庸君主是不值得指责的，因为连唐太宗也不能免。那些嗡嗡而飞盘旋往来的绿头苍蝇，也太可怕了！

光武弃冯衍

【原文】

汉室中兴，固皆光武之功，然更始既即天子位，光武受其爵秩，北面为臣矣，及平王郎、定河北，诏令罢兵，辞不受召，于是始贰焉。更始方困于赤眉，而光武杀其将谢躬、苗曾，取洛阳，下河东，翻为腹心之疾。后世以成败论人，故不复议。予谓光武知更始不材，必败大业，逆取顺守，尚为有辞。彼鲍永、冯衍，始坚守并州，不肯降下，闻更始已亡，乃罢兵来归，曰："诚惭以其众幸富贵。"其忠义之节，凛然可称。光武不能显而用之，闻其言而不悦。永后以它立功见用，而衍终身摈斥，群臣亦无为之言者。吁！可叹哉！

【译文】

汉朝再次复兴，固然都是汉光武帝的功劳，但是更始帝刘玄即天子位之后，汉光武帝接受了他的封爵官位，已经做了人家的臣子，等到平定了王郎、安定了河北，更始帝命令撤军，但汉光武帝却推辞不受召见，从此开始有了二心。正当刘玄被赤眉军围困时，汉光武帝却杀了他的将领谢躬、苗曾，攻取洛阳、打下河东，反而成了刘玄的心腹大患。后代根据成功或失败来评论人，因此不再议论。我认为汉光武帝知道刘玄不成材，一定会败坏大业，因此用武力夺取政权，用文教治理天下，还算可以辩解。那鲍永、冯衍，开始时坚守并州，不肯投降，听到刘玄已死，才停战来归顺汉光武帝，说道："实在惭愧，带领我的部众来邀获富贵。"他的忠义节操，威严正气，值得称赞。汉光武帝不能提拔重用他，听了他说的话就不高兴。鲍永后来因为另外立了功才被任用，而冯衍却终身被摈弃排斥，大臣们也没有谁替他说话的。唉！可叹呀！

曹操用人

【原文】

曹操为汉鬼蜮，君子所不道。然知人善任使，实后世之所难及。荀彧、荀攸、郭嘉皆腹心谋臣，共济大事，无待赞说。其余智效一官，权分一郡，无小无大，卓然皆称其职。恐关中诸将为害，则属司隶校尉钟繇以西事，而马腾、韩遂遣子入侍。当天下乱离，诸军乏食，则以枣祗、任峻建立屯田，而军国饶裕，遂芟群雄。欲复盐官之利，则使卫觊镇抚关中，而诸将服。河东未定，以杜畿为太守，而卫固、范先束手禽戮。并州初平，以梁习为刺史，而边境肃清。扬州陷于孙权，独有九江一郡，付之刘馥而恩化大行。冯翊困于鄜盗，付之郑浑而民安寇灭。代郡三单于，恃力骄恣，裴潜单车之郡，而单于詟服。方得汉中，命杜袭督留事，而百姓自乐，出徙于洛、邺者至八万口。方得马超之兵，闻当发徙，惊骇欲变，命赵俨为护军，而相率还降，致于东方者亦二万口。凡此十者，其为利岂不大哉！张辽走孙权于合肥，郭淮拒蜀军于阳平，徐晃却关羽于樊，皆以少制众，分方面忧。操无敌于建安之时，非幸也。

【译文】

曹操是汉朝的权奸，为君子所不愿谈及的。然而他了解并善于任用他人，实在是后代所难以赶得上的。荀彧、荀攸、郭嘉都是他的心腹谋士，共同成大事，不必称赞评说。至于其他的人，有智慧就授予一个官位的，有权变就让他分掌一个郡的，无论官职大小，都能取得较好的政绩。曹操担心关中的将领会反叛，就让司隶校尉钟繇去主管西边的事务，结果马腾、韩遂派遣儿子入京侍候。当时天下纷乱，军队缺乏粮食，就让枣祇、任峻屯田，结果军队、国家富饶丰裕，于是消灭了群雄。当想恢复盐务管理的利益时，让就卫觊镇守安抚关中，结果将领们都心服口服。河东没有平定，就派杜畿去当太守，使得卫固、范先束手就擒被杀。并州刚刚平定，就派梁习去当刺史，使得边境平静安泰。扬州被孙权攻陷，只剩有九江一个郡，曹操把权力交给刘馥，结果恩德教化广泛实行。冯翊被鄜州盗寇所困，曹操就交给郑浑去办理，结果百姓安定盗寇消灭。代郡有匈奴三单于军队，倚仗武力骄横恣肆，裴潜只乘一辆车进入代郡，使得单于心中折服。占领汉中以后人心未定，就任命杜袭负责留守之事，结果百姓自得其乐，从洛阳、邺地迁来的人口达到八万。刚刚得到马超的军队时，马超军队听说将把他们发配异地，都惊恐想要兵变，曹操命令赵俨为护军，结果马超军都互相带领回来归降，送到东方的人口也有两万。以上十件事所产生的好处难道不大吗！张辽在合肥打跑孙权，郭淮在阳平抵御蜀国军队，徐晃在樊城打败关羽，都是以少胜多，解除了一方面的忧患。曹操在建安时期天下无敌，不是侥幸的。

曹 操

汉士择所从

【原文】

汉自中平黄巾之乱，天下震扰，士大夫莫不择所从，以为全身远害之计，然非豪杰不能也。荀彧少时，以颍川四战之地，劝父老亟避之，乡人多怀土不能去，彧独率宗族往冀州，袁绍待以上宾之礼。彧度绍终不能定大业，去而从曹操。其乡人留者，多为贼所杀。袁绍遣使迎汝南士大夫，和洽独往荆州，刘表以上客待之。洽曰："所以不从本初，避争地也。昏世之主，不可黩近，久而不去，谗慝将兴。"遂南之武陵，其留者多为表所害。曹操牧兖州，陈留太守张邈与之亲友。郡士高柔独以为邈必乘间为变，率乡人欲避之，众皆以曹、张相亲，不然其言。柔举家适河北，邈果叛操。郭嘉初见袁绍，谓其谋臣辛评等曰："智者审于量主，袁公多端寡要，好谋无决，难与共济大难，吾将更举以求主，子盍去乎？"评等曰："袁氏今最强，去将何之？"嘉不复言，遂去依曹操。操召见，与论天下事。出曰："真吾主也。"杜袭、赵俨、繁钦避乱荆州，钦数见奇于表，袭曰："所以俱来者，欲全身以待时耳。子若见能不已，非吾徒也。"及天子都许，俨曰："曹镇东必能济华夏，吾知归矣。"遂诣操。河间邢颙在无终，闻操定冀州，谓田畴曰："闻曹公法令严，民厌乱矣，乱极则平。请以身先。"遂装还乡里。畴曰："颙，天民之先觉者也。"孙策定丹阳，吕范请暂领都督，策曰："子衡已有大众，岂宜复屈小职！"范曰："今舍本土而托将军者，欲济世务也。譬犹同舟涉海，一事不牢，即俱受其败，此亦范计，非但将军也。"策从之。周瑜闻策声问，便推结分好，及

策卒权立，瑜谓权可与共成大业，遂委心服事焉。诸葛亮在襄阳，刘表不能起，一见刘备，事之不疑。此诸人识见如是，安得困于乱世哉！

【译文】

汉朝自中平年间黄巾军之乱起，天下动荡不宁，士大夫纷纷选择所追随的对象，以此作为保全自身、远避祸害的计策，然而不是英豪俊杰不能明智地做到这一点。荀彧年轻的时候，认为颍川（治今河南禹州）是四面开阔易于攻击的地方，劝乡中父老赶快避开此地，乡里的人多怀念故土不愿离去。荀彧则独自带领同族的人前往冀州，袁绍以对待上等宾客的礼节对待他。荀彧又思量袁绍最终不能成就大业，就离开他而跟随了曹操。荀彧的同乡人留下来的，多被乱军杀了。袁绍派使者迎接汝南的士大夫，和洽却独自前往荆州，刘表以对待上等宾客那样的礼遇对待他。和洽说："我不跟随袁绍的原因，是为了避开纷争之地。而昏庸乱世的君主，也不能经常接近，如果长时间不离去，谗言邪念就会兴起。"于是向南到武陵去，那些留下来的人则多数被刘表杀害。曹操在任兖州牧时，陈留太守张邈跟他是亲友。郡士高柔却认为张邈一定会趁机叛变，就打算带领乡人避开他，众人都认为曹操和张邈相互亲密，对他的话并没有放在心上。高柔全家到了河北，张邈果然反叛曹操。郭嘉初次见到袁绍，对他的谋臣辛评等人说："聪明的人对衡量他的主人是慎重的，袁绍头绪繁多，不得要领，喜欢图谋却不能决断，很难跟他一起度过大难，我吾打算离开另找主人，你们为什么不和我一同离去呢？"辛评等人说："袁氏现在是最强大的，离开他将往哪儿去呢？"郭嘉不再说话，于是离开依附了曹操。曹操召见了他，跟他谈论天下大事。郭嘉出来后说："这才真正是我的主公。"杜袭、赵俨和繁钦在荆州躲避战乱，繁钦在刘表面前多次显现出奇才，杜袭说："我们一起来的原因，是想保全自身好等待时机而已。您如果不停地表现才能，就不是我们这一类人。"等到天子在许昌定都，赵俨说："曹操一定能够振兴中华，我知道归顺谁了。"于是投奔了曹操。河间的邢颙在无终时听说曹操平定了冀州，对田畴说："听说曹操法令严明，百姓已经厌恶战乱了，乱到极点就会安定。请让我先行一步。"于是收拾行装回到故乡。田畴说："邢颙是知道天命的人中的先觉者。"孙策平定了丹阳，吕范请求暂时兼任都督，孙策说："您已经有了大批人马，哪能再让您屈任小职位呢！"吕范说："我现在舍弃故土而投靠您的原因，是想济助社会。就如同同乘一条船渡海，有一件事不牢靠，就会共同受到它的破坏，这不仅仅是您的盘算，也是我自己的。"孙策听从了他。周瑜听说孙策的名望，就辞绝结交的好友，等到孙策死后孙权即位，周瑜认为孙权是可以跟他共同成就大业的人，于是就一心为他服务了。诸葛亮在襄阳时，刘表不能够起用他，但他一见到刘备，就毫无疑虑地为他服务。这些人有这样的卓识远见，怎么会在乱世中遇到困厄呢！

刘 公 荣

【原文】

王戎诣阮籍，时兖州刺史刘昶字公荣在坐。阮谓王曰："偶有二斗美酒，当与君共饮。彼公荣者无预焉。"二人交觞酬酢，公荣遂不得一杯，而言语谈戏，三人无异。或有问之者，阮曰："胜公荣者，不得不与饮酒；不如公荣者，不可不与饮酒；唯公荣可不与饮酒。"此事见戎传，而《世说》为详。又一事云，公荣与人饮酒，杂秽非类，人或讥之，答曰："胜公荣者，不可不与饮；不如公荣者，亦不可不与饮；是公荣辈者，又不可不与饮，故终日共饮而醉。"二者稍不同。公荣待客如是，费酒多矣，顾不蒙一杯于人乎！东坡诗云："未许低头拜东野，徒言共饮胜公荣。"盖用前事也。

【译文】

王戎去拜访阮籍，当时兖州刺史刘昶（字公荣）在座。阮籍对王戎说："偶然有两斗美酒，应当跟您一起痛饮。那个叫公荣的，没有他的事！"两个人于是把盏劝饮，公荣始终也没有喝到一杯，却仍然谈笑嬉戏，三个人没有不正常的神色。有人问起这事，阮籍说："胜过公荣的人，不能不跟他喝酒；不如公荣的人，不可以不跟他喝酒；只有公荣可以不跟他喝酒。"

阮 籍

这件事见于《王戎传》，而《世说新语》里记载得更为详细。又有一个事，说的是公荣跟人喝酒，什么样混杂肮脏的对象都有，跟公荣不是一类人，有人就讥笑他，公荣回答说："胜过我公荣的人，不能不跟他喝酒；不如我公荣的人，也不能不跟他喝酒；跟我公荣是一类人的人，还是不能不跟他喝酒，因此整天与人共饮而醉。”两件事略微有点不同。公荣这样对待客人，所费的酒可谓多了！怎么还不能从别人那里得到一杯来饮呢！所以苏东坡的诗中说：“未许低头拜东野，徒言共饮胜公荣。”大概用的就是前面的那个典故。

曹操杀杨修

【原文】

曹操杀杨修之后，见其父彪，问曰：“公何瘦之甚？”对曰：“愧无日磾先见之明，犹怀老牛舐犊之爱。”操为之改容。《古文苑》载操与彪书，数修之罪，以为“恃豪父之势，每不与吾同怀，将延足下尊门大累，便令刑之”。且赠彪锦裘二领，八节角桃杖一枝，青牸牛二头，八百里骅骝马一匹，四望通幰七香车一乘，驱使二人。又遗其妻裘、靴，有心青衣二人，钱绢甚厚。卞夫人亦与袁夫人书云：“贤郎有盖世文才，阖门钦敬。明公性急，辄行军法。”以衣服、文绢、房子官锦、香车送之。彪及袁夫人皆答书引愆致谢。是时汉室将亡，政在曹氏，袁公四世宰相，为汉宗臣，固操之所忌，彪之不死其手，幸矣。呜呼危哉！

【译文】

曹操杀了杨修以后，见到杨修的父亲杨彪，问他说：“您为什么瘦得如此厉害？”杨彪回答说：“我羞愧自己没有金日磾那样的先见之明，又仍然怀着老牛舐犊的爱心。”曹操为此变了脸色。《古文苑》记载了曹操写给杨彪的书信，数落杨修的罪状，认为他“倚仗着父亲的势力，常常不跟我同心，这将会使您的家门遭受牵累，于是就处死了杨修”。曹操还赠给了杨彪锦绣的皮裘两件，八节角桃杖一枝，青色的母牛两头，八百里骅骝骏马一匹，四望通幰七香车一辆，奴仆两人。另外又赠给杨彪妻子皮裘、靴子，以及有能力的女仆两个，赠送的钱和绢帛都很厚重。卞夫人也给袁夫人写了信，信中说：“您的儿子有盖世的文才，我们家都很钦佩他。曹操性子急躁，断然对他执行了军法。”并且送给袁夫人衣服、纹绢、房子县官锦，以及香车。杨彪和袁夫人都回信承认罪过表示谢意。这时候汉朝将要灭亡，政权在曹氏手中，袁绍家四代当过宰相，是汉朝的宗臣，因而为曹操所忌恨，杨彪没有死在曹操手中，已经是不幸中的万幸了。真是太危险了！

韩馥　刘璋

【原文】

韩馥以冀州迎袁绍，其僚耿武、闵纯、李历、赵浮、程涣等谏止之，馥不听。绍既至，数人皆见杀。刘璋迎刘备，主簿黄权、王累，名将杨怀、高沛止之，璋逐权，不纳其言，二将后为备所杀。王浚受石勒之诈，督护孙纬及将佐皆欲拒勒，浚怒欲斩之，果为勒所杀。武、纯、怀、沛诸人谓之忠于所事可矣，若云择君，则未也。呜呼！生于乱世，至死不变，可不谓贤矣乎？

【译文】

韩馥把袁绍迎到冀州，他的官佐属吏耿武、闵纯、李历、赵浮、程涣等人规劝制止他，韩馥不听。袁绍到冀州之后，把这几个人都杀死了。刘璋迎刘备入蜀，主簿黄权、王累，名将杨怀、高沛等劝止他，刘璋却赶走黄权等人，不采纳他们的意见，二位名将后来都被刘备杀死。王浚受石勒的欺诈，督护孙纬与将佐们都希望抗拒石勒，王浚大怒要斩杀他们，这些人终究被石勒所杀。耿武、闵纯、杨怀、高沛等人对于自己所侍奉的主子可以说是忠心耿耿的，若要说到善择明君，只怕就未必了。啊！生活在战乱时代，至死忠心不变，能说不是贤人吗？

萧、房知人

【原文】

汉祖至南郑，韩信亡去，萧何自追之。上骂曰：“诸将亡者以十数，公无所追，追信，诈也。”何曰：“诸将易得，至如信，国士亡双，必欲争天下，非信无可与计事者。”乃拜信大将，遂成汉业。唐太宗为秦王时，府属多外迁，王患之。房乔曰：“去者虽多不足吝。杜如晦，王佐才也，王必欲经营四方，舍如晦无共功者。”乃表留幕府，遂为名相。二人之去留，系兴替治乱如此，萧、房之知人，所以为莫及也。樊哙从高祖起丰、沛，劝霸上之还，解鸿门之厄，功亦不细矣，而韩信羞与为伍。唐俭赞太宗建大策，发蒲津之谋，定突厥之计，非庸臣也，而李靖以为不足惜。盖以信、靖而视哙、俭，犹熊罴之与狸狌耳。帝王之功，非一士之略，必待将如韩信、相如杜公，而后用之，不亦难乎！惟能置萧、房于帷幄中，拔茅汇进，则珠玉无胫而至矣。

【译文】

房玄龄

汉高祖刘邦行军到达南郑，韩信悄悄离去，萧何亲自去追赶他。高祖骂萧何道：“将领们逃跑了几十人，你都没有去追赶，说追赶韩信，骗我的吧。”萧何说：“其他将领容易得到，至于像韩信这样的人，是国之奇士，天下无双，您一定想要争夺天下，除了他再没有一起计议天下大事的人了。”于是高祖封授韩信为大将，终于完成汉室大业。唐太宗李世民为秦王时，幕府属吏很多外调任职，秦王为此忧虑。房乔（名玄龄）说：“离去的人尽管不少，也不值得可惜。杜如晦是辅佐君王之才，大王想要经营天下大业，舍弃如晦就没有能共事的人了。”于是上疏请将杜如晦留在幕府中，杜如晦也最终成为一代名相。韩、杜二人的去留，与兴衰治乱的关系密切到这种程度，萧、房二人的善于发现人才，是无人能比得上的。樊哙跟随高祖在丰、沛起兵，攻占咸阳后劝高祖还军霸上，鸿门宴上解除高祖困厄使之脱险，功劳也不算小了，可是韩信却把自己与樊哙在一起共事看作是羞辱。唐俭帮助太宗下决心灭隋建唐，在蒲津揭发孤独怀恩发动叛乱的阴谋，帮太宗制定诱降突厥的办法，不能说是平庸之臣，可是李靖认为失去他也不值得惋惜。以韩信和李靖来看樊哙、唐俭，也不过是拿熊罴与狸猫相比而已。创建帝王之业，绝非个别谋士的谋略可成，一定要等到有了韩信那样的大将、杜如晦那样的贤相，然后才加以重用，岂不太难了吗！只要能把萧何、房玄龄一类人延揽到身边，选贤进能，那么，珍珠宝玉般珍贵的人才就会不请自来了。

晏子　扬雄

【原文】

齐庄公之难，晏子不死不亡，而曰："君为社稷死则死之，为社稷亡则亡之；若为己死而为己亡，非其私昵，谁敢任之？"及崔杼、庆封盟国人曰："所不与崔、庆者。"晏子叹曰："婴所不唯忠于君，利社稷者是与，有如上帝！"晏子此意正与豫子所言众人遇我之义同，特不以身殉庄公耳。至于毅然据正以社稷为辞，非豫子可比也。扬雄仕汉，亲蹈王莽之变，退托其身于列大夫中，不与高位者同其死，抱道没齿，与晏子同科。世儒或以《剧秦美新》贬之，是不然，此雄不得已而作也。夫诵述新莽之德，止能美于暴秦，其深意固可知矣。序所言配五帝、冠三王，开辟以来未之闻，直以戏莽尔。使雄善为谀佞，撰符命，称功德，以邀爵位，当与国师公同列，岂固穷如是哉？

【译文】

齐庄公被杀后，晏子既不去死，也不逃亡，而是说："君主为社稷而死那么就随他而死，为社稷而逃亡就随他而逃亡；如果君主为自己而死、为自己而逃亡，不是他个人宠爱的人，谁敢承担责任？"等到崔杼、庆封和国人在太庙结盟说"有不亲附崔氏、庆氏者"时，晏子叹气说："我晏婴如果不亲附忠君利国的人，有天帝为证！"晏子这番话正和豫子所说众人待我如何如何那番话意义相同，只是不为庄公献出生命罢了。至于他坚决地据守正义，拿国家利益作理由，不是豫子能比得上的。扬雄在西汉做官，亲身经历王莽篡汉的变乱，退步托身在一般士大夫行列中，不和官位高的人一同去死，终身坚持正道，与晏子同等。社会上有些儒生拿他的《剧秦美新》来贬斥他，其实是不对的，因为这是扬雄迫不得已才写的。颂扬新莽的恩德，结果只能是美化残暴的秦王朝，其中深意不难体会。序中所说新莽与传说中圣明的五帝一样，甚至比夏禹、商汤、周文王、武王还强之类的话，有史以来没有听人说过，这只不过是在戏弄王莽罢了。如果扬雄善于逢迎讨好，杜撰符命，称颂功德，以此求取高官厚禄，本应与国师公等同了，怎会一直如此穷困呢？

拔亡为存

【原文】

燕乐毅伐齐，下七十余城，所存者唯莒、即墨两城耳，赖田单之力，齐复为齐，尽寸之土无所失。曹操牧兖州，州叛迎吕布，郡县八十城皆应之，唯鄄城、范、东阿不动，赖荀彧、程昱之力，卒全三城以待操，州境复安。古之人拔亡为存，转祸为福，如此多矣。靖康、建炎间，国家不竞，秦、魏、齐、韩之地，名都大邑数百，翦而为戎，越五十年矣，以今准古，岂曰无人乎哉？

【译文】

燕国大将乐毅攻打齐国，攻下七十多座城池，只剩下莒、即墨两个城池，后来靠田单的努力，齐国得以恢复，也没有损失一点国土。曹操为兖州牧，兖州背叛曹操迎附吕布，全州八十个城都起来响应，只有鄄城、范、东阿没有动静，靠荀彧、程昱的努力，最终保全三城等待曹操，州境内又安定下来。古人把危亡变成生存，把灾祸扭转为福禄，像这样的例子很多。靖康、建炎年间，国家不强，秦、魏、齐、韩等地的几百座名都大邑，全被金人所占，已经五十年了，现在与古代相比，难道说就没有那样的人才吗？

孙吴四英将

【原文】

孙吴奄有江左，亢衡中州，固本于策、权之雄略，然一时英杰，如周瑜、鲁肃、吕蒙、陆逊四人者，真所谓社稷心膂，与国为存亡之臣也。自古将帅，未尝不矜能自贤，疾胜己者，此诸贤则不然。孙权初掌事，肃欲北还，瑜止之，而荐之于权曰："肃才宜佐时，当广求其比，以成功业。"后瑜临终与权笺曰："鲁肃忠烈，临事不苟，若以代瑜，死不朽矣！"肃遂代瑜典兵。吕蒙为寻阳令，肃见之曰："卿今者才略，非复吴下阿蒙。"遂拜蒙母，结友而别。蒙遂亦代肃。蒙在陆口，称疾还，权问："谁可代者？"蒙曰："陆逊意思深长，才堪负重，观其规虑，终可大任，无复是过也。"逊遂代蒙。四人相继，居西边三四十年，为威名将，曹操、刘备、关羽皆为所挫。虽更相汲引，而孙权委心听之，吴之所以为吴，非偶然也。

【译文】

孙吴拥有江东，与中原抗衡，固然主要是依靠孙策、孙权的雄才大略。然而，如周瑜、鲁肃、吕蒙、陆逊四位大臣，真可以说是国家的得力助手，与国家同存共亡的臣子啊！自古以来，将帅们没有不自以为贤能，妒忌比自己强的，这几位贤者却不是这样。孙权刚执掌政务时，鲁肃打算返回北方，周瑜劝止他，并把他推荐给孙权说："鲁肃的才干适宜辅佐时政，应广泛征求他的意见，来完成大功大业。"后来周瑜临终前给孙权写信说："鲁肃忠诚正直，办事认真，如能让他接替我，我即使死了也会不朽！"鲁肃就接替周瑜执掌了兵权。吕蒙任寻阳令，鲁肃见到他说："如今您雄才大略，已不再是当年吴地的那个阿蒙了。"于是拜见吕蒙的母亲，与吕蒙结成挚友才分手。吕蒙后来又接替鲁肃执掌兵权。吕蒙在陆口，声称有病返回吴都，孙权问："谁能接替你任职？"吕蒙说："陆逊思想深刻，有胜任重担的才干，观察他对事情的规划谋虑，完全可以担负重任，没有再能超过此人的。"于是陆逊又接替了吕蒙。四个人相互接续，驻守西边三四十年，成为声威远扬的名将，曹操、刘备、关羽都被他们挫败过。他们之间相互引荐，而孙权又推心置腹，听取意见，因此孙吴强盛一时，绝非偶然。

周 瑜

孙膑减灶

【原文】

孙膑胜庞涓之事，兵家以为奇谋，予独有疑焉，云：“齐军入魏地为十万灶，明日为五万灶，又明日为二万灶。”方师行逐利，每夕而兴此役，不知以几何人给之，又必人人各一灶乎？庞涓行三日而大喜曰：“齐士卒亡者过半。”则是所过之处必使人枚数之矣，是岂救急赴敌之师乎？又云：“度其暮当至马陵，乃斫大树，白而书之，曰：‘庞涓死于此树之下。’遂伏万弩，期日暮见火举而俱发。涓果夜至斫木下，见白书，钻火烛之。读未毕，万弩俱发。”夫军行迟速，既非他人所料，安能必其以暮至不差晷刻乎？古人坐于车中，既云暮矣，安知树间之有白书？且必举火读之乎？齐弩尚能俱发，而涓读八字未毕。皆深不可信。殆好事者为之，而不精考耳。

【译文】

孙膑打败庞涓的战役，军事家们认为是用了奇异的智谋，但我却偏偏对此有疑问。史书记载：“齐军进驻魏国挖十万个炉灶，第二天挖五万个，第三天挖两万个。”当军队前进追逐战果之时，每天晚上从事灶饮工作的，不知道要使用多少人，但何必要人人挖一灶呢？庞涓行军三天后大喜道：“齐军阵亡已超过半数了。”这就是说，所过之处必定派人一个个清查炉灶数目，这哪里还像救难追敌的急行军呢？史书又说：“估计庞涓应当天黑时赶到马陵，于是砍削掉大树，刮去树皮在上面写道：‘庞涓死于此树之下。’接着埋伏下一万弓弩手，约定天黑时看见火光同时发射。庞涓果然入夜时来到削了皮的树下，看见树干上写有字，就取火来看。没等读完，万箭齐发。”行军速度，根本不是别人所能预料的，怎能料定人家在日暮时到达，不差分秒呢？古人坐在车中，既然说是天黑了，又怎么还会知道树干上有字呢？而且还非得举火读它呢？齐军弓弩还能同时发射，而庞涓却连八个字都没读完。这都是十分令人不可相信的。恐怕是好事的人编造的，只不过人们不曾作精密考证罢了。

汉祖三诈

【原文】

汉高祖用韩信为大将，而三以诈临之：信既定赵，高祖自成皋度河，晨自称汉使驰入信壁，信未起，即其卧，夺其印符，麾召诸将，易置之；项羽死，则又袭夺其军；卒之伪游云梦而缚信。夫以豁达大度开基之主，所行乃如是，信之终于谋逆，盖有以启之矣。

【译文】

汉高祖任用韩信作为大将，却三次用诈术统治他：韩信已定赵地之后，高祖从成皋渡过黄河，一大早自称汉王使者飞马驰入韩信营垒，韩信尚未起床，立即进入他的卧室收取他的印信和兵符，用军旗召来将领们，调动了他们的职位；项羽死后，再次用突然袭击的方式收取韩信的兵权；最后假托巡游云梦而捉拿了韩信。以豁达大度开国君主的身份，所作所为竟然如此，韩信最后图谋叛乱，大概也是有以上的原因吧。

韩信

有心避祸

【原文】

有心于避祸，不若无心于任运，然有不可一概论者。董卓盗执国柄，筑坞于郿，积谷为三十年储，自云："事不成，守此足以毕老。"殊不知一败则扫地，岂容老于坞耶？公孙瓒据幽州，筑京于易地，以铁为门，楼橹千重，积谷三百万斛，以为足以待天下之变，殊不知梯冲舞于楼上，城岂可保邪？曹爽为司马懿所奏，桓范劝使举兵，爽不从，曰："我不失作富家翁。"不知诛灭在旦暮耳，富可复得邪？张华相晋，当贾后之难不能退，少子以中台星坼，劝其逊位，华不从，曰："天道玄远，不如静以待之。"竟为赵王伦所害。方事势不容发，而欲以静待，又可蚩也。他人无足言，华博物有识，亦暗于几事如此哉！

【译文】

与其为避祸而思考，倒不如完全听凭命运的安排，不过也有不可一概而论的情况。董卓盗掌国家大权，在郿（今陕西眉县东北）修筑号称"万岁邬"的城堡，积储了足用三十年的粮食，自称："大事不成，守着这座城堡，也完全可以终生到老。"殊不知一朝中计被杀，财产即刻扫荡净尽，哪里容他老死在郿坞？公孙瓒占据幽州，在易（今河北雄县西北）修筑高丘，人称易京，用铁造门，高台望楼千层，积存粮食三百万斛，以为足以应付天下之变，殊不知袁绍的云梯、冲车舞动在楼前，坚城怎能保守得住呢？曹爽被司马懿弹劾，桓范劝他发动兵变，曹爽不听，说："即使不行，我还可做个大富翁。"岂不知满门抄斩就在眼前，哪里还能当成富翁？张华辅佐西晋任司空，当贾后在宫廷发动事变时不能辞官避祸，小儿子张韪因中台星分裂，劝他让出官位，他不听，说："天象的规律玄奥深远，不如静心等待。"终于被赵王司马伦所害。当情势万分紧迫、刻不容缓时，却想静心等待，也太可笑了。别人不必说，张华学识渊博，也对重大的事情糊涂到这种程度吗！

光武仁君

【原文】

汉光武虽以征伐定天下，而其心未尝不以仁恩招怀为本。隗嚣受官爵而复叛，赐诏告之曰："若束手自诣，保无他也。"公孙述据蜀，大军征之垂灭矣，犹下诏谕之曰："勿以来歙、岑彭受害自疑，今以时自诣，则家族全，诏书手记不可数得，朕不食言。"遣冯异西征，戒以平定安集为急。怒吴汉杀降，责以失斩将吊民之义，可谓仁君矣。萧铣举荆楚降唐，而高祖怒其逐鹿之对，诛之于市，其隘如此，《新史》犹以高祖为圣，岂理也哉？

【译文】

东汉光武帝虽然靠武力征伐平定天下，可是他的用心总是以仁慈、恩情、招降、安抚为根本。隗嚣接受官爵后再次反叛，光武帝下诏书告诉他："如果你放弃抵抗主动投降，保证没有其他处分。"公孙述据守蜀地，光武帝派大军前去征伐，即将平灭时还下诏告诉他："不要因为你杀了我的大将来歙、岑彭而心存疑虑，现在及时归降，仍可保全家族，皇帝亲笔诏书不可多得，我决不食言。"派遣冯异西征，告诫他平定地方、安抚百姓是当务之急。对吴汉杀害已降人员感到愤怒，责备他失去斩杀敌将、吊慰民众的道义，光武帝可以说是仁义之君了。萧铣割据长江中游，兵败降唐，可是唐高祖忌恨他曾跟自己争夺天下，把他杀死在长安的大街上，李渊心胸狭隘到这种地步，《新唐书》还把他称为圣人，有这样的道理吗？

苏子由诗

【原文】

苏子由《南窗》诗云："京城三日雪，雪尽泥方深。闭门谢还往，不闻车马音。西斋书帙乱，南窗朝日升。展转守床榻，欲起复不能。开户失琼玉，满阶松竹阴。故人远方来，疑我何苦心。疏拙自当尔，有酒聊共斟。"此其少年时所作也。东坡好书之，以为人间当有数百本，盖闲淡简远，得味外之味云。

苏　辙

【译文】

苏辙（字子由）在《南窗》诗中写道："京城三日雪，雪尽泥方深。闭门谢还往，不闻车马音。西斋书帙乱，南窗朝日升。展转守床榻，欲起复不能。开户失琼玉，满阶松竹阴。故人远方来，疑我何苦心。疏拙自当尔，有酒聊共斟。"这是他少年时代的作品。东坡很喜欢写这首诗，认为人世间应当有几百本流传，因为它风格闲淡简远，有种超越语言文字的情味。

孔氏野史

【原文】

世传孔毅甫《野史》一卷，凡四十事，予得其书于清江刘靖之所，载赵清献为青城宰，挈散乐妓以归，为邑尉追还，大恸且怒，又因与妻忿争，由此惑志。文潞公守太原，辟司马温公为通判，夫人生日，温公献小词，为都漕唐子方峻责。欧阳永叔、谢希深、田元均、尹师鲁在河南，携官妓游龙门，半月还返，留守钱思公作简招之，亦不答。范文正与京东人石曼卿、刘潜之类相结以取名，服中上万言书，甚非言不文之义。苏子瞻被命作《储祥宫记》，大貂陈衍干当宫事，得旨置酒与苏高会，苏阴使人发，御史董敦逸即有章疏，遂堕计中。又云子瞻四六表章不成文字。其它如潞公、范忠宣、吕汲公、吴冲卿、傅献简诸公，皆不免讥议。予谓决非毅甫所作，盖魏泰《碧云騢》之流耳。温公自用庞颍公辟，不与潞公、子方同时，其谬妄不待攻也。靖之乃原甫曾孙，佳士也，而跋是书云："孔氏兄弟曾大父行也，思其人欲闻其言久矣，故录而藏之。"汪圣锡亦书其后，但记上官彦衡一事，岂弗深考云？

【译文】

社会上流传孔毅甫《野史》一卷，共记四十件事，我从清江县的刘靖之那儿得到了这部书，其中记载赵清献（赵抃，谥清献）任青城县令的时候，曾带一名流落民间的乐伎回家，被县尉追上，夺还给人家，因而大哭大闹，又因而迁怒和妻子闹矛盾，因此迷失了自己的志向抱负。文潞公（文彦博，封潞国公）做太原太守时，任用司马温公（司马光，赠温国公）为通判，文夫人生日时，温公曾进献小词祝寿，受到都漕唐子方的严厉斥责。欧阳永叔（欧阳修，字永叔)、谢希深(谢绛，字希深)、田元均(田况，字元均)、尹师鲁(尹洙，字师鲁)诸人在河南府治所洛阳时，曾经携同官伎游览龙门，玩了半个月仍不想返回，河南留守官员钱思公写信要他们回来，也不理睬。范仲淹(范仲淹，谥文正) 和京东人石曼卿(石延年，字曼卿)、刘潜之流互相结交以博取浮名，服丧期间上万言书，很不符合服丧期间出言不要文采的规范。苏轼(字子瞻)受命创作《储祥宫记》，大宦官陈衍管理宫廷事务，得到皇上的旨意置办酒席同苏畅饮，苏暗地叫人告发此事，以为不符合礼制，于是御史董敦逸就上了弹劾的奏章，刚好落入陈衍设计好的圈套。陈衍说苏辙用骈文写的表章不成体统。别的如文潞公、范忠宣纯仁、吕汲公大防、吴冲卿充、傅献简尧俞诸人，也都不免受其讥讽批评。我认为这绝不是毅甫所写的，大抵属于魏泰的《碧云騢》之类的东西。温公自己是因为庞颍公的举荐而被征辟入朝，跟文潞公、子方并不同时，其荒谬已不攻自破。刘靖之是原甫的曾孙，是位品学兼优的读书人，可是为这部书所写的跋语却说："孔氏兄弟和我的曾祖父同辈，怀念他们、想听到言论已经有很久了，所以把它抄录保存。"汪圣锡也在书的后面写有跋语，只是记录了上官彦衡的一件事，难道他们对书的内容没有深入考究吗?

有　　若

【原文】

《史记·有若传》云："孔子没，弟子以若状似孔子，立以为师。他日，进问曰：'昔夫子当行，使弟子持雨具，已而果雨。'弟子问何以知之？夫子曰：'《诗》不云乎？月离于毕，俾滂沱矣。昨暮月不宿毕乎？'他日，月宿毕，竟不雨。商瞿年长无子，孔子曰：'瞿年四十后当有五丈夫子。'已而果然。敢问何以知此？有若无以应。弟子起曰：'有子避之，此非子之座也！'"予谓此两事殆近于星历卜祝之学，何足以为圣人，而谓孔子言之乎？有若不能知，何所加损，而弟子遽以是斥退之乎？孟子称"子夏、子张、子游，以若似圣人，欲以所事孔子事之，曾子不可"，但言"江、汉秋阳不可尚"而已，未尝深诋也。《论语》记诸善言，以有子之言为第二章，在曾子之前，使有避坐之事，弟子肯如是哉？《檀弓》载有子闻曾子“丧欲速贫，死欲速朽”两语，以为“非君子之言”，又以为“夫子有为言之”。子游曰：“甚哉！有子之言似夫子也。”则其为门弟子所敬久矣。太史公之书，于是为失矣。且门人所传者道也，岂应以状貌之似而师之邪？世所图《七十二贤画像》，其画有若遂与孔子略等，此又可笑也。

【译文】

孔 子

《史记·有若传》说：“孔子去世以后，学生们因为有若的容貌长得像孔子，就拥立他做老师。有一天，弟子们去见有若并请教道：‘从前老师要出门，叫从行弟子们拿着雨具，不久真的下了雨。’弟子们就问凭什么知道会下雨？老师说：‘《诗经》不是说了吗？月亮依附于毕宿，必定会大雨滂沱。昨天晚上月亮不是逗留在毕宿的天区上了吗？’有一天，月亮逗留于毕宿，竟然没有下雨。商瞿年岁大了但是还没有儿子，孔子说：‘他四十岁以后会生五个男孩子。’后来果真如此。冒昧地问一声老师是从哪里知道这些的呢？有若沉默着，无言回答。师兄弟们就促使有若站起来，说：‘有子还是离开老师的座位吧，这里不是您该坐的！’”我认为这两件事大抵接近于天文学和占卜学，明白这些哪里值得当圣人，难道孔子只传说这些吗？有若没能了解这些，对他又有什么损害，难道师兄弟们会因此就立刻斥退他吗？《孟子》中称“子夏、子张、子游认为有若相貌像圣人，想用侍奉孔子的礼节侍奉他，曾子不同意”，也只是说“孔子的道德学问就像在长江、汉水之中洗涤过，没有杂质，就像在盛夏的太阳底下晒过，光明洁白，没有能够赶得上”，如是而已，也没有进行严厉的批评。《论语》是部记录孔门师徒美好的言论的书，把有子的一段话排在第一章的第二段，在曾子的前面，假若真有避坐的事，后学弟子们肯这样排列吗？《礼记·檀弓》记载有子听到曾子转述的“流亡他国之人还是快快穷下来的好，人死了还是快快腐烂了的好”两句话，认为“这不是有道德的人说的话”，又认为“这是老师有所指而发的义愤之辞”。子游了解老师说话的背景，慨叹道：“有子的意见是多么像老师啊！”有子被师兄弟们尊敬亦非一朝一夕之事。太史公的《史记》，在这件事情上的记述是错的。况且徒弟所传承的是老师的道德学问，哪能因为相貌像孔子就以他为师呢？世人所画《七十二贤画像》，他们画的有若像就跟孔子像大致相同，这是很可笑的。

二 士 共 谈

【原文】

《维摩诘经》言，文殊从佛所将诣维摩丈室问疾，菩萨随之者以万亿计，曰："二士共谈，必说妙法。"予观杜少陵寄李太白诗云："何时一尊酒，重与细论文。"使二公真践此言，时得洒扫撰杖屦于其侧，所谓不二法门，不传之妙，启聪击蒙，出肤寸之泽以润千里者，可胜道哉！

【译文】

《维摩诘经》中说，文殊从佛所在的地方将要到维摩诘居士的方丈室探病，跟随他的菩萨数以万亿，大家说："二位道德高深的人在一起谈话，肯定会谈论义理深奥的佛法。"我看到杜甫寄给李白的诗中说："何时一尊酒，重与细论文。"假使二位大诗人真的实践了这句话，其时大家都充当仆役，或洒扫庭院，或撰杖捧履，即可听到他们所谈的为诗为文的唯一方法，不能言传之精妙，启迪智慧，启蒙愚昧，就像出于微小之泽的水也能滋润千里干涸的大地一样，哪能说得尽呢！

曹操 唐庄宗

【原文】

曹操在兖州，引兵东击陶谦于徐，而陈宫潜迎吕布为兖牧，郡县皆叛，赖程昱、荀彧之力，全东阿、鄄、范三城以待操。操还，执昱手曰："微子之力，吾无所归矣。"表为东平相。唐庄宗与梁人相持于河上，梁将王檀乘虚袭晋阳。城中无备，几陷者数四，赖安金全帅子弟击却之于内，石君立引昭义兵破之于外，晋阳获全。而庄宗以策非己出，金全等赏皆不行。操终有天下，庄宗虽能灭梁，旋踵覆亡，考其行事，概可睹矣。

【译文】

曹操率领军队驻扎在兖州的时候，曾经率兵向东到徐州攻打陶谦，而陈宫却暗中迎来吕布做兖州的长官，兖州所统辖的郡县都背叛了曹操，依靠程昱、荀彧的力量，才保全了东阿、鄄城、范县三座县城等待曹操。曹操回来之后，双手握着程昱的手说："要是没有您出力，我就没有地方去了！"于是，便上表推荐他为东平国（亦即后世东平郡，治今山东东平东南）的相国。后唐庄宗和后梁朝军队在黄河边上互相争战，打得难分难解，梁朝大将王檀乘虚袭击晋阳（治今山西太原西南古城营）。城中没有防备，几次差点失陷，全仗着安金全率领子弟们在城内击退敌兵，石君立率领昭义节度使派来的军队在城外击破敌人，晋阳城才得以保全。可是李存勖因为制胜之策不是自己提出的，对安金全等人的奖赏都没有施行。曹操终于统一了天下，李存勖尽管能灭掉梁朝，可是转眼灭亡，考察他们平时的行为，也能可看出个大概。

文章小伎

【原文】

"文章一小伎，于道未为尊。"虽杜子美有激而云，然要为失言，不可以训。文章岂小事哉！《易·贲》之《彖》言："刚柔交错，天文也；文明以止，人文也。观乎天文，以察时变；观乎人文，以化成天下。"孔子称帝尧焕乎有文章。子贡曰："夫子之文章，可得而闻。"《诗》美卫武公，亦云有文章。尧、舜、禹、汤、文、武、成、康之圣贤，桀、纣、幽、厉之昏乱，非《诗》《书》以文章载之，何以传？伏羲画八卦，文王重之，非孔子以文章翼之，何以传？孔子至言要道，托《孝经》《论语》之文而传。曾子、子思、孟子传圣人心学，使无《中庸》及七篇之书，后人何所窥门户？老、庄绝灭礼学，忘言去为，而五千言与内、外篇极其文藻。释氏之为禅者，谓语言为累，不知大乘诸经可废乎？然则(抵)[诋]为小伎，其理谬矣！彼后世为词章者，逐其末而忘其本，玩其华而落其实，流宕自远，非文章过也。杜老所云“文章千古事”“已似爱文章”“文章日自负”“文章实致身”“文章开宎奥”“文章憎命达”“名岂文章著”“枚乘文章老”“文章敢自诬”“海内文章伯”“文章曹植波澜阔”“庾信文章老更成”“岂有文章惊海内”“每语见许文章伯”“文章有神交有道”，如此之类，多指诗而言，所见狭矣！

【译文】

“文章一小伎，于道未为尊。”这两句诗虽然是杜子美（杜甫，字子美）有所感而发，但是应该算是失言，不可以为典式。文章难道是小事吗？《易·贲》的《彖》辞中说：“刚柔互相交错，形成天文；以文明之道立身处事，形成人文。观看天上日月星辰的运行，用以体察一年四季的时令变化；观察人间诗书礼乐之类的典章制度，据此以教化大治天下。”孔子称赞帝尧的文献制度光明灿烂。子贡说：“老师关于文献方面的学问，可以听到。”

杜　甫

《诗经》中赞美卫武公，也称其有文章，能够遵守礼仪规范。唐尧、虞舜、夏禹、商汤、周文王、周武王、周成王、周康王等贤明君主的光辉业绩，夏桀、殷纣王、周幽王、周厉王等昏君的丑恶嘴脸，没有《诗经》《尚书》用文章的形式记载下来，怎么能流传后世呢？伏羲画八卦，文王推演为六十四卦，如果不是孔子用文章的形式作了《十翼》，进行解说，又怎么能流传于后世呢？孔子的高明深刻的道理，是寄托在《孝经》《论语》的文字形式才得以流传的。曾子、子思、孟子传授孔圣人的儒家学说，假使没有《中庸》和七篇《孟子》等书，后代的人从哪里窥其门径？老子、庄子主张消灭礼仪制度，妄言无为，可是五千言的《道德经》和分内、外篇的《庄子》却又极文藻之能事。佛门弟子参禅，说语言是累赘，不知道大乘诸经典可不可废弃？既然如此，那么诋毁为小道，其理由是荒谬的！那些后代的作文章的人，只注意它的表面形式却忘了写文章要载道的根本目的，追求文辞的华美却忽视其内容，形成风气，彼此推波逐澜，以至越走越远，这不是文章本身的过错。杜甫所说的“文章千古事”“已似爱文章”“文章日自负”“文章实致身”“文章开宎奥”“文章憎命达”“名岂文章著”“枚乘文章老”“文章敢自诬”“海内文章伯”“文章曹植波澜阔”“庾信文章老更成”“岂有文章惊海内”“每语见许文章伯”“文章有神交有道”，如此之类，大多是针对诗歌而言，见识甚是狭窄！

南 宫 适

【原文】

南宫适问羿、奡不得其死，禹、稷有天下，言力可贱而德可贵。其义已尽，无所可答，故夫子俟其出而叹其为君子，奖其尚德，至于再言之，圣人之意斯可见矣。然明道先生云：“以禹、稷比孔子，故不答。”范淳父以为禹、稷有天下，故夫子不敢答，弗敢当也。杨龟山云：“禹、稷之有天下，不止于躬稼而已，孔子未尽然其言，故不答。然而不正之者，不责备于其言，以沮其尚德之志也，与所谓‘雍之言然’则异矣。”予窃谓南宫之问，初无以禹、稷比孔子之意，不知二先生何为有是言。若龟山之语，浅之已甚！独谢显道云：“南宫适知以躬行为事，是以谓之君子。知言之要，非尚德者不能，在当时发问间，必有目击而道存，首肯之意，非直不答也。”其说最为切当。

【译文】

南宫适向孔子请教羿、奡不得好死，而禹、稷却得到天下的问题，说明武力不值得重视而道德品行才是最可贵的。他的话把道理都讲清了，没有什么可以再说了，所以孔夫子等他出去之后叹他是位君子，褒奖他崇高美好的道德，以至于又说了一遍，圣人的意见从这里就可看出来了。可是我朝的明道先生程颢则说：“把禹、稷同孔子相比，所以不回答。”范淳父认为禹、稷得到了天下，所以孔夫子不敢回答，是不敢当的意思。杨龟山说：“禹、稷得到天下，并不只是靠着亲自种庄稼，孔子不认为南宫适的话全对，所以不回答。可是没有纠正他的话，是为了不对他的话求全责备，是为了不使他丧失崇高道德的志向，这同其他场合所说的‘冉仲弓的话正确’之类全然肯定是不同的。”我认为南宫适的问话，本无拿禹、稷比孔子的意思，不知道二位先生为什么会这样说。像杨龟山的话语，浅陋之极！唯有谢显道说："南宫适知道把身体力行当成大事，因此称他为君子。知道他说话的要点，不是道德崇高的人不能做到。他在向孔子发问的时候，孔子必然要用眼神示意，表示了首肯的意思，并非竟然不回答。"我认为他的说法最贴切、恰当。

王卫尉

【原文】

汉高祖怒萧何，谓王卫尉曰："李斯相秦皇帝，有善归主，有恶自予；今相国请吾苑以自媚于民，故系治之。"卫尉曰："秦以不闻其过亡天下，李斯之分过，又何足法哉！"唐太宗疑三品以上轻魏王，责之曰："我见隋家诸王，一品以下皆不免其踬顿，我自不许儿子纵横耳。"魏郑公曰："隋高祖不知礼义，宠纵诸子，使行非礼，寻皆罪黜，不可以为法，亦何足道。"观高祖、太宗一时失言，二臣能因其所言随即规正，语意既直，于激切中有婉顺体，可谓得谏争之大义。虽微二帝，其孰不降心以听乎！

【译文】

汉高祖刘邦对相国萧何的一些做法非常恼怒，对王卫尉说："李斯辅佐秦朝皇帝，有了好事归皇帝，有了坏事自己承担；现在相国萧何竟然请求开垦我的上林苑荒地，而自己去讨好老百姓，所以我想将他收审治罪。"王卫尉说："秦朝皇帝因为听不到自己的过失而丢了天下，李斯分担失误责任又有什么用处呢！这种做法又有什么值得后人学习的呢！"唐太宗李世民怀疑三品以上官员轻视自己的儿子魏王李泰，便责备他们说："在隋朝，我看见一品以下官员见到诸王时无不毕恭毕敬地行礼，我当然是不会允许皇子们随心所欲、

魏 徵

胡作非为的。”魏徵听后，说道：“隋高祖（文帝）不知礼义，过分地宠爱、放纵自己的儿子，致使他们多行非礼之事，不久诸王就都因罪被罢免，这种做法是不值得学习的，又有什么值得称道！”看到汉高祖和唐太宗一时失言，王、魏二臣能在听到后随即规正，直截了当，但是在激切中又不失婉转、恭敬，可谓深得谏诤之精髓。即使不是汉高祖和唐太宗这两位具有雄才大略的明君，其他人谁又能不虚心听取、诚恳接受呢！

稷有天下

【原文】

“稷躬稼而有天下”“泰伯三以天下让”“文王一怒而安天下之民”，皆以子孙之事追言之。是时，稷始封于邰，古公方邑于梁山之下，文王才有岐周之地，未得云天下也。禹未尝躬稼，因稷而称之。

【译文】

“周族的祖先后稷亲自耕作因而拥有天下”“周太王的长子泰伯多次辞让天下”“周文王一怒而安天下之民”，这些说法都是因子孙之事追述的结果。当时，后稷刚被封于邰（今陕西武功县西），古公亶父（即太王）刚刚在梁山下修筑城邑，周文王刚刚据有岐周（今陕西岐山县东北）之地，还远远谈不上天下。夏禹不曾亲自耕作，通过后稷因而得到了称赞。

靖康时事

【原文】

邓艾伐蜀，刘禅既降，又敕姜维使降于钟会，将士咸怒，拔刀斫石。魏围燕于中山既久，城中将士皆思出战，至数千人相率请于燕主，慕容隆言之尤力，为慕容麟沮之而罢。契丹伐晋连年，晋拒之，每战必胜。其后，杜重威阴谋欲降，命将士出陈于外，士皆踊跃，以为出战，既公解甲，士皆恸哭，声振原野。予顷修《靖康实录》，窃痛一时之祸，以堂堂大邦，中外之兵数十万，曾不能北向发一矢，获一胡，端坐都城，束手就毙！虎旅云屯，不闻有如蜀、燕、晋之愤哭者。近读《朱新仲诗集》，有《记昔行》一篇，正叙此时事。其中云："老种愤死不得战，汝霖疽发何由痊？"乃知忠义之士，世未尝无之，特时运使然耳。

【译文】

曹魏大将邓艾攻打蜀汉，后主刘禅投降后命令姜维向魏将钟会投降，将士们无不愤怒，以致拔刀斫石。十六国时期，魏国长期围困燕国的中山郡（治今河北定州），城中的将士们都渴望出战，数千人向燕王请战，慕容隆求战之心尤其急切，结果都被慕容麟所拒绝，只得作罢。五代时，契丹人连年攻打后晋，晋人奋起抵抗，每战必胜。后来，元帅杜重威阴谋降敌，命将士们出营列阵，晋军士气高昂，决心与敌人决一死战，及至杜重威下令放下武器投降，军士皆放声痛哭不止，哭声震动原野。我在编纂《靖康实录》时，私下里对靖康之难感到万分痛心，大宋朝作为一个堂堂大国，拥兵数十万，竟然不能向北方的金国发一箭，俘获一个敌兵，竟然是端坐都城，束手待毙！几十万精兵强将云集京畿，眼巴巴地看着自己的祖国惨遭蹂躏，以致国破家灭，没有谁听说过他们之中有人因此而像蜀、燕、晋的将士那样痛哭流涕的。不久前，我读《朱新仲诗集》，看到其中《记昔行》一诗，正是叙述此事的。诗中说："老种（指种师道）愤死不得战，汝霖（宗泽字）疽发何由痊？"乃知忠义之士，世上并不是没有，只是时运让他们如此而已。

颜　鲁　公

【原文】

颜鲁公忠义大节，照映古今，岂唯唐朝人士罕见比伦，自汉以来，殆可屈指也。考其立朝出处，在明皇时，为杨国忠所恶，由殿中侍御史出东都、平原。肃宗时，以论太庙筑坛事，为宰相所恶，由御史大夫出冯翊。为李辅国所恶，由刑部侍郎贬蓬州。代宗时，以言祭器不饬，元载以为诽谤，由刑部尚书贬峡州。德宗时，不容于杨炎，由吏部尚书换东宫散秩。卢杞之擅国也，欲去公，数遣人问方镇所便，公往见之，责其不见容，由是衔恨切骨。是时年七十有五，竟堕杞之诡计而死，议者痛之。呜呼！公既知杞之恶己，盍因其方镇之问，欣然从之。不然，则高举远引，挂冠东去，杞之所甚欲也。而乃眷眷京都，终不自为去就，以蹈危机，《春秋》责备贤者，斯为可恨。司空图隐于王官谷，柳璨以诏书召之，图阳为衰野，堕笏失仪，得放还山。璨之奸恶过于杞，图非公比也。卒全身于大乱之世，然则公之委命贼手，岂不大可惜也哉！虽然，公囚困于淮西，屡折李希烈，卒之捐身徇国，以激四海义烈之气，贞元反正，实为有助焉。岂天欲全畀公以万世之名，故使一时堕于横逆以成始成终者乎！

【译文】

颜真卿

鲁国公颜真卿的忠义节操，光辉照耀今古，不仅唐朝人中很难找出比得上他的，而且从汉朝以来，像他这样的人也是屈指可数的。考察一下他在朝廷做官时的经历，在唐明皇时，为杨国忠所厌恶，因而被调到东都（今河南洛阳）和平原（治今山东平原县西南）去做地方官。唐肃宗时，又因批评太庙筑坛的事，被宰相所厌恶，从御史大夫调往冯翊。又被宦官李辅国所厌恶，由刑部侍郎降职到蓬州（治今四川营山东北）。唐代宗时，又以议论祭器不整齐完备，元载认为他是诽谤，又将他从刑部尚书贬到峡州（治今湖北宜昌西北）。德宗时，又受杨炎的排挤，从吏部尚书的任上调到东宫当了个闲职。奸相卢杞专权的时候，又打算把颜真卿挤出京城去，几次派人去问他想到哪个方镇去当长官。颜真卿去见卢杞，责问他为什么不容自己在京城。因此，卢杞对真卿恨之入骨。这时，真卿已经七十五岁了，竟中了卢杞的诡计，被叛将李希烈所杀。议论这事的人都为之惋惜。唉！真卿既然知道卢杞憎恨自己，何不在卢杞问他想去哪个方镇的时候，乖乖听话。要不然，就在卢杞派他之前干脆远走高飞，辞职东出潼关，这更是卢杞所欢迎的。可是真卿却眷恋着京城，始终不肯离开，以致走向危险的深渊。《春秋》上常常责备贤能的人，这种说法最令人痛恨。唐朝的诗人司空图隐居在中条山的王官谷中，奸臣柳璨利用诏书召他到京城做官，司空图假装着年老力衰，故意把笏失手掉到地上，以致失去礼仪，得以安全回家。柳璨的奸恶更超过了卢杞，司空图更没法和颜真卿相比。但司空图终究能保全自身于乱世之中，这样看来，真卿死在叛贼手里，岂不是太可惜吗！虽然如此，真卿被叛贼囚禁在淮西时，屡次痛斥李希烈，最后以身殉国，因而激发了天下浩然正义之气，这对后来唐德宗贞元年间叛将纷纷反正，实在是起了很大的促进作用。这或许是上天有意给颜鲁公留下万世之美名，让他一时中奸臣的诡计，从而促成他光辉义烈的一生吧！

存亡大计

【原文】

国家大策，系于安危存亡，方变故交切，幸而有智者陈至当之谋，其听而行之，当如捧漏瓮以沃焦釜。而愚荒之主，暗于事几，且惑于谄佞孱懦者之言，不旋踵而受其祸败，自古非一也。曹操自将征刘备，田丰劝袁绍袭其后，绍辞以子疾不行。操征乌桓，刘备说刘表袭许，表不能用，后皆为操所灭。唐兵征王世充于洛阳，窦建德自河北来救，太宗屯虎牢以扼之，建德不得进，其臣凌敬请悉兵济河，攻取怀州、河阳，逾太行，入上党，徇汾、晋，趣蒲津，蹈无人之境，取胜可以万全，关中骇震，则郑围自解。诸将曰："凌敬书生，何为知战事，其言岂可用？"建德乃谢敬。其妻曹氏，又劝令乘唐国之虚，连营渐进，以取山北，西抄关中，唐必还师自救，郑围何忧不解。建德亦不从，引众合战，身为人擒，国随以灭。唐庄宗既取河北，屯兵朝城，梁之君臣，谋数道大举，令董璋引陕、虢、泽、潞之兵趣太原，霍彦威以汝、洛之兵寇镇定，王彦章以禁军攻郓州，段凝以大军当庄宗。庄宗闻之，深以为忧。而段凝不能临机决策，梁主又无断，遂以致亡。石敬瑭以河东叛，耶律德光赴救，败唐兵而围之，废帝问策于群臣。时德光兄赞华，因争国之故，亡归在唐，吏部侍郎龙敏请立为契丹主，令天雄、卢龙二镇分兵送之，自幽州趣西楼，朝廷露檄言之，虏必有内顾之虑，然后选募精锐以击之，此解围一策也，帝深以为然。而执政恐其无成，议竟不决，唐遂以亡。皇家靖康之难，胡骑犯阙，孤军深入，后无重援；亦有出奇计乞用师捣燕者，天未悔祸，噬脐弗及，可胜叹哉！

【译文】

国家的重要决策，关系到安危存亡，当各种变故交织在一起时，如果幸而有智识之士提出正确的谋略，君主听从他们的话去做，就好比捧着漏瓮去浇烧干的锅一样急切。而愚昧的君主，看不见事变的征兆，而且容易被谄媚怯懦之人的话所迷惑，很快就会因此而败亡，自古以来也并非一例。三国时期曹操曾亲自领兵去征讨刘备，田丰劝袁绍趁机袭击曹操的后方，袁绍以儿子有病为借口拒不出兵。曹操领兵去攻打北方的乌桓，刘备劝说刘表趁机从南方袭击曹操的巢穴许都（今河南许昌），刘表没有采纳，结果袁绍、刘表先后都被曹操所灭。唐朝初年，唐兵去洛阳攻打郑国的王世充，窦建德从河北出兵前来救援，唐太宗李世民屯兵虎牢关阻截，窦建德无法攻破关城，进退两难。这时，窦建德的部下凌敬献计：请求全军渡过黄河，占领怀州、河阳（治今河南孟州市南），再翻过太行山，进入山西上党（治今山西长治市北）境内，沿汾水晋州（治今山西临汾）直指蒲津关（在今山西永济西），这一带唐军防守十分薄弱，必然可以如入无人之境，此计是取胜的万全之法，必定能震动关中地区，这样洛阳之围就可以解了。但是，窦建德部下将军们却说："凌敬只不过是个书生，哪里懂得什么军事？他的话是绝对不能听从的。"于是建德谢绝了凌敬的建议。建德的妻子曹氏，又劝他趁唐军后方空虚之机，集中兵力，稳扎稳打，夺取山北地方，再向西包抄关中，唐兵必然回兵救援，对郑国的包围自然就解除了。建德仍未听从，而是领兵与唐兵进行硬拼，结果被唐兵活捉，他的国家也随之灭亡。五代时期后唐庄宗占领河北地区后，屯兵于朝城，梁国君臣商议，决定分兵几路大举进攻，让董璋率领陕州（治今河南三门峡市陕州区）、虢州（治今河南灵宝）、泽州（治今山西晋城东北）、潞州（治今山西长治）四州之兵攻打太原，霍彦威率领汝州和洛阳的军队攻打镇定（治今河北石家庄一带），王彦章率领禁军攻打郓州（今山东郓城），而以招讨使段凝统帅主力去抵挡唐庄宗。庄宗得知消息后，十分担忧。但是由于段凝不能临机决策，梁国国君又优柔寡断，结果导致灭亡。后唐的河东节度使石敬瑭叛乱，契丹族领袖耶律德光领兵去救援他，打败了前来讨伐的唐兵，并把唐兵包围起来。后唐废帝听到这个消息，向群臣征求对策。当时，耶律德光的哥哥耶律赞华，因为和德光争夺王位失败，逃亡在后唐，吏部侍郎龙敏便请求策立赞华为契丹国王，命令天雄、卢龙两镇（管辖河北大名至北京以北一带）节度使派兵送他回国即位，经幽州（治今北京西南）直奔西楼（故址在今内蒙古巴林左旗），朝廷再出檄文通告这项决定。契丹人必然担心发生内乱，军心动摇，这时再派精兵发动猛攻，这是解围的一个良策，废帝也觉得这是个好办法。可是执政大臣担心没有把握，长时间议而不决，以致失去时机，后唐也因此亡国。我们大宋经历靖康之难，金兵侵犯国都东京（今河南开封），孤军深入，缺乏有力的后援；当时也有人献出奇计，请求派精锐兵力趁机直捣金国后方的幽燕地区，上苍也没有追悔所造成的祸乱，以至于后悔也来不及了，真是可叹啊！

汤武之事

【原文】

汤、武之事，古人言之多矣。惟汉辕固、黄生争辩最详。黄生曰：“汤、武非受命，乃杀也。”固曰：“不然，桀、纣荒乱，天下之心皆归汤、武。汤、武因天下之心而诛桀、纣，不得已而立，非受命为何？”黄生曰：“冠虽敝必加于首，履虽新必贯于足。今桀、纣虽失道，君上也，汤、武虽圣，臣下也，反因过而诛之，非杀而何？”景帝曰：“食肉毋食马肝，未为不知味；言学者毋言汤、武受命，不为愚。”遂罢。颜师古注云：“言汤、武为杀，是背经义，故以马肝为喻也。”《东坡志林》云：“武王非圣人也，昔者孔子盖罪汤、武，伯夷、叔齐不食周粟，而孔子予之，其罪武王也甚矣。至孟轲始乱之，使当时有良史，南巢之事，必以叛书，牧野之事，必以弑书。汤、武仁人也，必将为法受恶。”可谓至论。然

予切考孔子之序《书》，明言伊尹相汤伐桀，成汤放桀于南巢，武王伐商，武王胜商杀受，各蔽以一语，而大指皦如，所谓六艺折衷，无待于良史复书也。

【译文】

周武王

商汤和周武王的事情，古人议论的已经很多了。只有汉朝的辕固和黄生二人，争辩的观点最详明。黄生说："商汤和周武王不是受命于天当上国君的，而是靠杀了旧君才当上国君的。"辕固说："不然，夏桀和殷纣王是荒淫残暴的国君，当时天下人心已转向商汤和周武。商汤和周武是先获得天下人心才去诛杀桀、纣，这是不得已的事，民心就是天心，这不是受命于天又是什么呢？"黄生说："帽子虽然破旧，仍然得戴在头上；鞋子虽新，只能穿在脚上。如今桀、纣虽然无道，终久仍是君王；商汤和周武虽然是圣人，终久仍是臣子，反因君主有过就把他们杀掉，这不是杀弑又是什么？"汉景帝说："吃肉的人不吃有毒的马肝，未必就是不知道肉味；讲究学问的人不说商汤、武王是受天命当君主的，也不一定就愚昧无知。"于是才停止争论。唐朝的颜师古注解这一段话时说："主张汤、武是杀君的，是违背了经书上本义的，所以才用马肝作比喻。"《东坡志林》里讲："武王不能算是圣人，过去孔子也是责备商汤和武王的。伯夷、叔齐不愿吃周朝的粟米而饿死，孔子给他们以很高评价，这也等于狠狠责备了周武王。直到孟子的书里，才把这种看法混乱颠倒过来。假如当时有比较好的史官，商汤把夏桀流放到南巢（今安徽巢湖市西南），一定会记成商汤叛乱；周兵大战殷纣王于牧野（今河南淇县西南），一定会记成周武王弑君。商汤、武王都是仁德的人，也必然会依据法规接受弑君犯上的恶名。"这可以说十分中肯的议论。但是我考察了孔子给《书》写的序言，明确地说过，伊尹做成汤的丞相起兵征伐夏桀，成汤把夏桀流放到南巢；武王征伐殷商，武王获胜而杀纣王，各给他们一句有好有坏的评语，把自己的观点说得十分透彻明了，这就是六艺里讲的折衷之法，这样便不需要什么良史重新去评写历史了。

巫蛊之祸

【原文】

汉世巫蛊之祸，虽起于江充，然事会之来，盖有不可晓者。武帝居建章宫，亲见一男子带剑入中龙华门，疑其异人，命收之，男子捐剑走，逐之弗获。上怒，斩门候，闭长安城门，大索十一日，巫蛊始起。又尝昼寝，梦木人数（千）[十]，持杖欲击己，乃惊寤，因是体不平，遂苦忽忽善忘。此两事可谓异矣。木将腐，蠹实生之。物将坏，虫实生之。是时帝春秋已高，忍而好杀，李陵所谓法令无常，大臣无罪夷灭者数十家。由心术既荒，随念招妄，男子、木人之兆，皆迷不复开，则谪见于天，鬼瞰其室。祸之所被，以妻则卫皇后，以子则戾园，以兄子则屈氂，以女则诸邑、阳石公主，以妇则史良娣，以孙则史皇孙。骨肉之酷如此，岂复顾他人哉？且两公主实卫后所生，太子未败数月前，皆已下狱诛死，则其母与兄岂有全理？固不待于江充之谮也。

【译文】

汉朝的"巫蛊之祸"，虽然是由江充引起的，但是灾难的发生还有一些不为人知的原因。汉武帝住在建章宫，曾亲眼看见一个男子带着宝剑进入中龙华门，怀疑他是位不寻常的人，便下令抓住他，那男子扔剑逃走，卫士们全力追捕却没有抓到。武帝大怒，斩杀了守门官员，又关闭首都长安的城门，大规模地搜查了十一天，"巫蛊之祸"才开始了。另外，汉武帝又曾经在白天睡觉时，梦见几十个木头人，都拿着棍子想打自己，于是惊醒，从此身体不好，被精神恍惚健忘所困扰。这两件事可以说是异事。木头将要烂的时候，一定是生满了蠹虫。一件东西快要坏时，实际也已经生了虫。这时汉武帝的年纪已经很大了，变得残忍好杀，也就是李陵所说的法令变化无常，大臣们无罪被杀的有好几十家。由于汉武帝此时心理不健康，便常常产生一些荒唐的想法，男子和木人的预兆，都是因为他心里糊涂，所以上天谴责他，鬼怪也敢来拜访他的宫室。因为“巫蛊之祸”受到祸害的，从妻子来讲有卫皇后，从儿子来讲有太子戾园，哥哥的儿子则有刘屈氂，从女儿说有诸邑、阳石两位公主，从儿媳来说有史良娣，从孙子来说有史皇孙。对待亲人的残酷都是这样，更何况其他的人呢？而且两个公主是卫皇后所生，在太子被杀前几个月，都已经被送入监狱而处死了，那么作为她们的母亲和哥哥，哪里能够保全呢？因此，即使没有江充诬告，也会发生“巫蛊之祸”的。

苏张说六国

【原文】

苏秦、张仪同学于鬼谷，而其从横之辩，如冰炭水火之不同，盖所以设心者异耳。苏欲六国合从以摈秦，故言其强。谓燕地方二千余里，带甲数十万，车六百乘，骑六千匹；谓赵地亦方二千余里，带甲数十万，车千乘，骑万匹；谓韩地方九百里，带甲数十万，天下之强弓劲弩，皆从韩出，韩卒之勇，一人当百；谓魏地方千里，卒七十万；齐地方二千余里，临菑之卒，固已二十一万；楚地方五千里，带甲百万，车千乘，骑万匹。至于张仪，则欲六国为横以事秦，故言其弱。谓梁地方不过千里，卒不过三十万；韩地险恶，卒不过二十万；临菑、即墨非齐之有；断赵右肩；黔、巫非楚有；易水、长城非燕有。然而六王皆耸听敬从，举国而付之，未尝有一语相折难者，彼皆长君，持国之日久，逮其临事，乃顾如桔槔，随人俯仰，得不危亡幸矣哉！且一国之势，犹一家也。今夫主一家之政者，较量生理，名田若干顷，岁收谷粟若干；艺园若干亩，岁收桑麻若干；邸舍若干区，为钱若干；下至牛羊犬鸡，莫不有数，自非童骏孱愚之人，未有不能件析而枚数者，何待于疏远游客为吾借箸而筹哉？苟一以为多，一以为寡，将遂挈挈然举而信之乎？晁错说景帝曰：“高帝大封同姓，齐七十余城，楚四十余城，吴五十余城，分天下半。”以汉之广，三国渠能分其半，此错欲削诸侯，故盛言其大尔。胶西王将与吴反，群臣谏曰：“诸侯地不能当汉十二，为叛逆非计也。”是时反者即吴、楚、诸齐，此胶西臣欲止王之谋，故盛言其小尔。二者视苏、张之言，疑若相似，而用心则否，听之者惟能知彼知己，则善矣。

【译文】

苏秦和张仪，都是跟从鬼谷子学习，但是他们连横、合纵的主张正如冰与炭、水和火一样各不相容，这是因为他们的意图不同。苏秦想把六国合纵起来共同抗秦，所以声称六国力量的强大。说燕国的土地方圆二千里，有甲兵几十万人，战车六百辆，军马六千匹；说赵国的土地方圆亦有两千里，甲兵几十万，战车一千辆，军马一万匹；说韩国的土地方圆九百里，甲兵几十万，天下最强的武器都是韩出产，韩兵的勇猛，以一当百；说魏国的土地方圆千里，甲兵七十万；齐国的土地方圆二千余里，仅临菑（在今山东淄博市东北齐都镇）一个地方就拥有兵卒二十一万了；楚国的土地方圆五千里，甲兵一百万，战车一千辆，军马一万匹。至于张仪，他是想让六国连横投靠秦国，所以极力强调六国国力弱小。说梁国（即魏国）的土地方圆不过千里，兵力不过三十万；韩国地形险恶，兵力不过二十万人；临菑、即墨这些地方已经脱离齐国；赵国的右臂膀已经被切断；黔、巫（今湖北宜昌西一带）也脱离了楚国；易水、长城也不是燕国所有了。六国君主却都毕恭毕敬地听着，并且把整个国家都交给他们，没有片言只语提出疑问诘难。这些国家的君主年纪都不小了，治理国家也有好多年，可是遇到这事时，却变得像汲水用的桔槔，被人任意操纵俯仰，能够不亡国也真算是万幸了！况且一个国家的事。正如一个家庭的事，一家之主要安排全家人的生活，家里共有田地多少顷，一年能收多少粮食；种园多少亩，一年收桑、麻多少；住房有几处，值多少钱；下至牛羊鸡犬，无不有一定的数目。只要不是小孩或白痴，没有不对自家的情况了若指掌，一清二楚的，何必要等远方的陌生游人来替自己算账或谋划呢？如果他们一个说多，一个说少，你能统统相信他们吗？汉朝的晁错劝说汉景帝说：“高帝曾经大封同姓子弟，齐王分了七十多座城邑，楚王分了四十余座城邑，吴王分了五十多座城邑，这三国就分走了天下的一半。”以汉朝之大，三国岂能占一半？这是晁错打算削弱诸侯国的实力，所以极力夸大罢了。等到胶西王准备参加吴王刘濞发起的叛乱时，臣子劝谏说：“诸侯们的地盘加起来还不够汉朝的十分之二，参加叛乱是很不明智的。”当时举行叛乱的有吴（今江苏南部）、楚（今湖北、湖南一带）

和齐（主要位于今山东境内）地的一些诸侯，胶西国的臣子想阻止胶西王参加叛乱，所以才竭力说得小一些。这两件事和苏秦、张仪的话，有相似之处，但他们的用心却不一样，听取议论的人，只有能做到知彼知己，才有好的判断。

一定之计

【原文】

人臣之遇明主，于始见之际，图事揆策，必有一定之计，据以为决，然后终身不易其言，则史策书之，足为不朽。东坡序范文正公之文，盖论之矣。伊尹起于有莘，应汤三聘，将使君为尧、舜之君，民为尧、舜之民，卒之相汤伐夏，俾厥后惟尧、舜，格于皇天。傅说在岩野，爰立作相，三篇之书，皎若星日，虽史籍久远，不详纪其行事，而高宗克鬼方，伐荆、楚，嘉靖商邦，礼陟配天，载于《易》之《既济》,《书》之《无逸》,《诗》之《(商)[殷]武》，商代之君莫盛焉。罔俾阿衡，专美有商，于是为允蹈矣。管仲以其君霸，商君基秦为强，虽圣门羞称，后世所贱，然考其为政，盖未尝一戾于始谋。韩信劝汉祖任天下武勇，以城邑封功臣，以义兵从思东归之士，传檄而定三秦；下魏之后，请北举燕、赵，东击齐，南绝楚粮道，西会荥阳，至于灭楚，无一言不酬。邓禹见光武于河北，知更始无成，说帝延揽英雄，务悦民心，立高祖之业，救万民之命，帝与定计议，终济大业。耿弇与光武同讨王郎，愿归幽州，益发精兵；定彭宠，取张丰，还收富平、获索，东攻张步，以平齐地，帝常以为落落难合，而事竟成。诸葛亮论曹操挟天子令诸侯，难与争锋；孙权据有江东，可与为援而不可图。荆州用武之国，益州沃野千里，劝刘备跨有荆、益，外观时变，则霸业可成，汉室可兴，及南方已定，则表奖率三军，北定中原。已而尽行其说，至于用师未战而身先死，则天也。房乔杖策谒太宗为记室，即收人物致幕府，与诸将密相申结，辅成大勋，至于为相，号令典章，尽出其手，虽数百年犹蒙其功。王朴事周世宗，当五季草创之际，上《平边策》，以为："唐失吴、蜀，晋失幽、并，当知所以平之之术。当今吴易图，可挠之地二千里，攻虚击弱，则所向无前，江北诸州，乃国家之有也。既得江北，江之南亦不难平。得吴则桂、广皆为内臣，岷、蜀可飞书而召之，不至则四面并进，席卷而蜀平矣。吴、蜀平，幽可望风而至。唯并必死之寇，候其便则一削以平之。"世宗用其策，功未集而殂。至于国朝，扫平诸方，先后次第，皆不出朴所料。独幽州之举，既至城下，而诸将不能成功。若乃王安石颛国，言听计从，以身任天下之重，而师慕商鞅为人，苟可以取民者，无不尽，遂诒后世之害，则在所不论也。

【译文】

人臣遇到英明的君主，在最初见面的时候，图谋事情制定策略，一定要提出固定的计策，把它作为制定方针的根据，然后一辈子也不变，这样就载入史册，足可以使其不朽。苏东坡给范仲淹的文集作序，已经议论得十分透彻。伊尹从有莘（在今山东曹县西北） 这地方出来做官，受到商汤的三次聘请，他便决心使汤成尧、舜之君，使百姓像尧、舜之民一样，终于辅助商汤灭掉了夏桀，以使其以后成为尧、舜盛世，这精神确实感动了上天。傅说隐居在傅岩（在今山西平陆东） 的荒山野谷里，被任命为丞相，著作《说命三篇》的文章，如同日月星辰闪耀。虽然时代久远，没能详细记载他的事迹，而商高宗攻克鬼方（古代小国，地点说法不一），征伐荆、楚（今湖北一带），安定了商国，德行比美于上天，载入《易经》的《既济》，《书经》的《无逸》，《诗经》的《殷武》，商代的各朝君王时，都不如这时兴盛。所以傅说的功绩，绝不让伊尹专美于商朝一代，这才是比较公平的。管仲使他的君主成为霸主，商鞅为秦国强大奠定了基础，虽然儒家们以他们为羞，后世的人亦不重视他们，但是考察他们从政的经历，也是没有一件事是违反他们当初制定的谋略的。韩信劝汉高祖刘邦多任命天下勇武之人，把城邑分封给功臣，以准备东征去吸引那些盼望回东方故乡的义军将士，这样用一纸文告就可以平定三秦；后来攻下魏国以后，韩信又请汉王出兵北伐燕、赵，东击齐国，南面截断楚军用粮的道路，西边又在荥阳和楚霸王决战，终于灭掉楚国，没有一句话没实现。邓禹到河北去见光武帝刘秀，他知道年号更始的刘玄不会成功，就劝说光武帝招揽英雄，一定要安定民心，建立像汉高祖刘邦那样的事业，来拯救国民。光武帝与他认真商定了计划，终于成就大业。耿弇与光武帝一同领兵去讨伐王郎，提出愿去夺回幽州，光武帝给他增加精兵；结果平定了彭宠叛乱，收服张丰，还收回富平、获索，东攻张步，平定了齐国地方。光武帝常觉得耿弇性格孤僻，与人合不来，最终却立了大功。诸葛亮评论曹操是“挟天子以令诸侯”，很难与他相争；孙权占据江东，只能团结他做后援，而不能够去谋图占领他的地盘。荆州是个有利用兵的地方，益州（治今四川成都）有着千里肥沃的土地，劝刘备占据这两处地方，然后等待时局的变化，霸业才能成就，汉室才能复兴，等到南方安定，则表彰三军，北伐中原。以后，诸葛亮都是按这个策略进行的。至于出兵作战还没成功时就病故了，那是天意呀。房玄龄骑着马去求见唐太宗，太宗任用他当记室，便广泛聘请文士来做幕僚，并与武将们密切合作，终于辅佐唐朝建立大功。官至宰相，各种法令和典章制度，都是他亲手制定的，虽经过了几百年，他的功绩还在泽被后世。王朴在周世宗手下做官，当时正是五代混乱时候，国家草创，他就献上《平边策》，认为：“唐朝失去了吴地和蜀地，晋国失去了幽州、并州的地方，所以应当知道用来平定这些地方的策略。现在吴国是容易得到的，可以攻击的地方有两千里，选择他们虚弱的地方出击，一定会轻易得手，这样长江北的各州县，就可以归国家所有。已经得了江北，江南的地方亦就不难平定了。得到吴地的疆土，那么广西、广东等地方也就可以臣服，四川一带，可是送去檄文召降，如不来降，就可四面并进，席卷全川了。吴、蜀两地平定了，北方的幽州也就会闻风来降。只有并州是必须灭掉的敌人，应当等待机会一举消灭。”世宗采用了他的计策，可惜还没完成，世宗便病故了。到了宋朝，扫平了各个小国，其先后次序，都没有超出王朴的预料。只有征伐幽州一件事，兵已达城下，可是诸将都没有攻下来。至于王安石当权的时候，皇上对他十分信任和听从，可是他凭借治理天下的宰相地位，却喜欢仿效商鞅的做法，凡可以从百姓身上取到的东西，统统取来，以致给后世留下祸害，这就不是本文所要讨论的了。

伊　尹

太 史 慈

【原文】

三国当汉、魏之际，英雄虎争，一时豪杰志义之士，礌礌落落，皆非后人所能冀，然太史慈者尤为可称。慈少仕东莱本郡为奏曹吏，郡与州有隙，州章劾之，慈以计败其章，而郡得直。孔融在北海为贼所围，慈为求救于平原，突围直出，竟得兵解融之难。后刘繇为扬州刺史，慈往见之，会孙策至，或劝繇以慈为大将军。繇曰："我若用子义，许子将不当笑我邪？"但使慈侦视轻重，独与一骑卒遇策，便前斗，正与策对，得其兜鍪。及繇奔豫章，慈为策所执，捉其手曰："宁识神亭时邪？"又称其烈义，为天下智士，释缚用之，命抚安繇之子，经理其家。孙权代策，使为建昌都尉，遂委以南方之事，督治海昏。至卒时，才年四十一，葬于新吴，今洪府奉新县也，邑人立庙敬事。乾道中封灵惠侯，予在西掖当制，其词云："神蚤赴孔融，雅谓青州之烈士。晚从孙策，遂为吴国之信臣。立庙至今，作民司命。揽一同之言状，择二美以建侯，庶几江表之间，尚忆神亭之事。"盖为是也。

【译文】

三国时正当汉、魏两朝交替的时候，英雄龙争虎斗，当时有志气的豪杰们，磊磊落落，都是后人所不能比的，但是太史慈这人，则尤其应当称颂。年轻时，他在故乡东莱郡（治今山东莱州）担任奏曹吏；郡守和州官有矛盾，州官上奏章弹劾郡守；太史慈用计推翻了他的奏章，郡守的冤屈才获得澄清。孔融在北海郡（治今山东昌乐东南）被贼寇包围，太史慈为他到平原求救兵，冲出包围，终于搬来兵马，解了孔融的围。后来刘繇当扬州刺史时，太史慈去求见，正碰上孙策领兵来攻扬州，有人劝刘繇任命太史慈为大将军。刘说："我如果用子义（太史慈字）为将，恐怕许子将要笑话我部下无能人。"于是派太史慈去前方侦察孙策军队的轻重，只带了一人一马在神亭的地方与孙策相遇，双方便打起来，与孙策恶斗一场，夺得孙策的头盔回来。后来刘繇失败逃往豫章(治今江西南昌)，太史慈被孙策抓住。孙策握着他的手说：“还记得咱二人在神亭时那场恶斗吗?”又称赞太史慈忠义勇烈，是当今天下有才能的人，便为太史慈松绑，并让太史慈去安抚刘繇的儿子，安顿刘繇家属。孙权代替孙策在东吴执政后，任用太史慈为建昌(今江西奉新)都尉，便把吴国南方的军政事务交给他，设衙门于海昏(今江西永修)。到他去世时，年仅四十一岁，葬于新吴，就是现在洪府奉新县，当地的人给他盖了庙供奉他。宋孝宗乾道年间，皇帝又下诏封太史慈为灵惠侯。我当时在朝廷西宫门的任职，写了祭太史慈庙的祭词，说：“太史慈早年营救孔融，被誉为青州之烈士。晚年随从孙策，成为吴国的倚仗之臣。自从建庙祭祀到现在，被百姓供奉。总揽所言之情状，用封侯建庙二件美善的事来敬奉，几乎长江流域一带所有的人，都记得在神亭那场大战。”就是这个事。

无望之祸

【原文】

自古无望之祸玉石俱焚者，释氏谓之劫数，然固自有幸不幸者。汉武帝以望气者言长安狱中有天子气，于是遣使者分条中都官诏狱系者，亡轻重一切皆杀之，独郡邸狱系者，赖丙吉得生。隋炀帝令嵩山道士潘诞合炼金丹不成，云无石胆石髓，若得童男女胆髓各三斛六斗，可以代之，帝怒斩诞。其后方士言李氏当为天子，劝帝尽诛海内李姓。以炀帝之无道嗜杀人，不啻草莽，而二说偶不行。唐太宗以李淳风言女武当王，已在宫中，欲取疑似者尽杀之，赖淳风谏而止。以太宗之贤尚如此，岂不云幸不幸哉！

【译文】

自古以来，导致玉石俱焚的无妄之灾，佛家称之为“劫数”，如此，从根本上也分为有幸或不幸的。因为有望气的术士告诉汉武帝说长安监狱里有天子

隋炀帝杨广

气，于是汉武帝便派了使臣分头下令给京都里的狱吏，各狱犯人，不论罪行轻重，都要杀死，只有被关入监狱的藩王亲属，靠廷尉监丙吉的帮忙才逃生。隋炀帝让嵩山道士潘诞合炼金丹，没有成功，说是没有石胆石髓，如能弄到童男童女的胆、髓各三斛六斗，可以代替。炀帝大怒，杀了潘诞。后来方士又对炀帝说李姓将会做天子，劝炀帝把全国姓李的统统杀掉。像隋炀帝那样喜欢杀人的无道昏君，与土匪差不多，以上两件事，他偶尔没有实行。唐太宗因为李淳风说以后姓武的女性将得天下，并且已在皇宫，便打算把可疑的宫女都杀掉，幸亏李淳风加以进谏，才没实行。像唐太宗这样的英明皇帝尚且如此，所以说无妄之祸也分为有幸和不幸的！

周 世 宗

【原文】

周世宗英毅雄杰，以衰乱之世，区区五六年间，威武之声，震慑夷夏，可谓一时贤主，而享年不及四十，身没半岁，国随以亡。固天方授宋，使之驱除。然考其行事，失于好杀，用法太严。群臣职事，小有不举，往往置之极刑，虽素有才干声名，无所开宥，此其所短也。薛居正《旧史》纪载翰林医官马道元进状，诉寿州界被贼杀其子，获正贼见在宿州，本州不为勘断。帝大怒，遣窦仪乘驿往按之。及狱成，坐族死者二十四人。仪奉辞之日，帝旨甚峻，故仪之用刑，伤于深刻，知州赵砺坐除名。此事本只马氏子一人遭杀，何至于族诛二十四家，其它可以类推矣。《太祖实录·窦仪传》有此事，史臣但归咎于仪云。

【译文】

周世宗柴荣英明果敢，堪称豪杰，在五代十国的混乱时期，仅用短短的五六年时间，威望和名声便震慑了整个中国，不愧为一代贤能的君主，可是他却没活到四十岁，死后不过半年，国家就随之灭亡了。这恐怕是天意属于宋，才让他为建立宋朝扫清了道路。但是考察他一生所做的事，其失策的地方在于他的好杀，动用刑法太严。他手下的官员，稍有一点过错，往往要处以极刑。所以他虽一直富有才干的名声，而不知道宽容，这是他的短处。薛居正主编的《旧五代史》记载有翰林院医官马道元曾进状子给世宗，诉说自己的儿子在寿州（治今安徽寿县）境内被贼杀死，现主犯已在宿州（今安徽宿县）被捕，当地州官却不认真断理此案。世宗大怒，派大臣窦仪乘驿站快马去处理此案。审理结果，因受牵连而被处死了二十四个人及其家属。这是因为窦仪奉命的时候，世宗的旨意十分严厉，所以窦仪用刑也过于严厉，知州赵砺亦因此被撤职。这件事本来只是马氏的一个儿子遭杀，怎能够连诛二十四家的族人呢？其他事也可类推了。《太祖实录·窦仪传》记载了这件事，但史官却把这件事的过错归罪到窦仪身上。

资治通鉴

【原文】

司马公修《资治通鉴》，辟范梦得为官属，尝以手帖论缵述之要，大抵欲如《左传》叙事之体。又云："凡年号皆以后来者为定。如武德元年，则从正月，便为唐高祖，更不称隋义宁二年。梁开平元年正月，便不称唐天祐四年。"故此书用以为法。然究其所穷，颇有窒而不通之处。公意正以《春秋》定公为例，于未即位，即书正月为其元年。然昭公以去年十二月薨，则次年之事，不得复系于昭。故定虽未立，自当追书。兼经文至简，不过一二十字，一览可以了解。若《通鉴》则不侔，隋炀帝大业十三年，便以为恭皇帝上，直至下卷之末，恭帝立，始改义宁，后一卷，则为唐高祖。盖凡涉历三卷，而炀帝固存，方书其在江都时事。明皇后卷之首，标为肃宗至德元载，至一卷之半，方书太子即位。代宗下卷云："上方励精求治，不次用人。"乃是德宗也。庄宗同光四年，便系于天成，以为明宗，而卷内书命李嗣源讨邺，至次卷首，庄宗方殂。潞王清泰三年，便标为晋高祖，而卷内书石敬瑭反，至卷末始为晋天福。凡此之类，殊费分说。此外，如晋、宋诸胡僭国，所封建王公，及除拜卿相，纤悉必书，有至二百字者。又如西秦丞相南川宣公出连乞都卒，魏都坐大官章安侯封懿、天部大人白马文正公崔宏、宜都文成王穆观、镇远将军平舒侯燕凤、平昌宣王和其奴卒，皆无关于社稷治乱。而周勃薨，乃不书。及书汉章帝行幸长安，进幸槐里、岐山，又幸长平，御池阳宫，东至高陵，十二月丁亥还宫；又乙未幸东阿，北登太行山，至天井关，夏四月乙卯还宫。又书魏主七月戊子如鱼池，登青冈原，甲午还宫；八月己亥如弥泽，甲寅登牛头山，甲子还宫。如此行役，无岁无之，皆可省也。

【译文】

司马光负责编纂《资治通鉴》，聘请范祖禹（字梦得）一同参与，曾经亲笔写一些手谕给他，讲述编辑要点，大体要求同《左传》一样使用编年叙事的体例。又说："凡同一年内的年号，都以后来的那个为准。如唐高祖武德元年（618），同时又是隋恭帝义宁二年，则从正月起便是唐高祖武德元年，不再称隋义宁二年。五代梁开平元年（907）正月，就不称唐天祐四年。"所以，在这部书中，遇到同一年内有两个年号的都采用这种处理办法。但是如果仔细研究一下，就会发现有讲不通的地方。司马光的本意是以《春秋》鲁定公为例，在定公尚未即位时，就记正月是他的元年。但是，因为昭公死于上年十二月，第二年的事，当然不能再放到昭公名下。所以这时定公虽然还没有当国君，自然得把前几个月的事情追记在他的名下。况且，《春秋》经文十分简单，每年记事不过一二十字，一看就明白。但《通鉴》就大为不同了。比如，隋炀帝大业十三年（617）便标为隋恭帝上卷，但是直至下卷末尾，恭帝即位，才改元义宁；紧接着的一卷便是唐高祖武德元年的事。这里前后共涉及三卷，而隋炀帝还没有死，内文记载的是他在江都（治今江苏扬州）的事。唐明皇后卷的开头，标为唐肃宗李亨至德元年（756），到一卷内容过半，才写到太子李亨即位。唐代宗下卷说："皇上正在励精图治，不断破格使用人才。"说的却是唐德宗。唐庄宗同光四年（926），便记为明宗天成元年，而卷内却记载皇帝命李嗣源（明宗本名）去征讨邺郡（今河南安阳一带），到下一卷初，庄宗李存勖驾崩，明宗即位。潞王清泰三年（936），便标为晋高祖天福元年，而卷内记载有石敬瑭（晋高祖本名）叛乱，直到卷末，才为晋天福元年。像这种情况，解释起来都十分费力。此外，还记载了晋、宋等割据一方的少数民族国家，他们所封的王公，以及所任命的大臣、宰相，都记得十分详尽，有的记到二百字之多。又如，本书记载了西秦丞相南川宣公出连乞都的死，魏国章安侯封懿的死，还记有文正公崔宏、文成王穆观、平舒侯燕凤、平昌宣王及其奴仆等人的死，这些都是无关国家政权和社会安定的事。而有关周勃之死，却没有记载。还记载了汉章帝出游长安（今陕西西安），并游槐里、岐山，又到长平，住进池阳宫，向东到高陵，十二月丁亥还宫；又于乙未日游行东阿，北登太行山，到天井关，夏天四月乙卯日回到宫里。又记有魏国国君七月戊子日到鱼池，游览青冈原，甲午回宫；八月己亥日又到弥泽，甲寅日登牛头山游览，甲子回宫等。像这些游览的事，每年都有，都是可以省略掉的。

石敬瑭

秦隋之恶

【原文】

自三代讫于五季，为天下君而得罪于民，为万世所麾斥者，莫若秦与隋，岂二氏之恶浮于桀、纣哉？盖秦之后即为汉，隋之后即为唐，皆享国久长。一时论议之臣，指引前世，必首及之，信而有征，是以其事暴白于方来，弥远弥彰而不可盖也。尝试裒举之。

张耳曰："秦为乱政虐刑，残灭天下，北为长城之役，南有五岭之戍，外内骚动，头会箕敛，重以苛法，使父子不相聊。"张良曰："秦为无道，故沛公得入关，为天下除残去贼。"陆贾曰："秦任刑法不变，卒灭嬴氏。"王卫尉曰："秦以不闻其过亡天下。"张释之曰："秦任刀笔之吏，争以亟疾苛察相高，以故不闻其过，陵夷至于二世，天下土崩。"贾山借秦为喻曰："为宫室之丽，使其后世曾不得聚庐而托处，为驰道之丽，后世不得邪径而托足，为葬薶之丽，后世不得蓬颗而托葬。以千八百国之民自养，力罢不能胜其役，财尽不能胜其求，人与之为怨，家与之为仕雠，天下已坏而弗自知，身死才数月耳，而宗庙灭绝。”贾谊曰：“商君遗礼谊，弃仁恩，并心于进取，行之二岁，秦俗日败，灭四维而不张，君臣乖乱，六亲殃戮，万民离叛，社稷为虚。”又曰：“使赵高傅胡亥，而教之狱。今日即位，明日射人，其视杀人若刈草菅然。置天下于法令刑罚，德泽亡一有，而怨毒盈于世，下憎恶之如仇雠。”晁错曰：“秦发卒戍边，有万死之害，而亡铢两之报。天下明知祸烈及已也，陈胜首倡，天下从之如流水。”又曰：“任不肖而信谗贼，民力罢尽，矜奋自贤，法令烦僭，刑罚暴酷，亲疏皆危，外内咸怨，绝祀亡世。”董仲舒曰：“秦重禁文学，不得挟书，弃捐礼谊而恶闻之。其心欲尽灭先圣之道，而颛为自恣苟简之治。自古以来，未尝有以乱济乱，大败天下之民如秦者也。”又曰：“师申、商之法，行韩非之说，憎帝王之道，以贪狼为俗，赋敛亡度，竭民财力，群盗并起，死者相望，而奸不息。”淮南王安曰：“秦使尉屠睢攻越，凿渠通道，旷日引久，发谪戍以备之，往者莫反，亡逃相从，群为盗贼。于是山东之难始兴。”吾丘寿王曰：“秦废王道，立私议，去仁恩而任刑戮，至于赭衣塞路，群盗满山。”主父偃曰：“秦任战胜之威，功齐三代，务胜不休，暴兵露师，百姓靡敝，孤寡老弱，不能相养，死者相望，天下始叛。”徐乐曰：“秦之末世，民困而主不恤，下怨而上不知，俗已乱而政不修，陈涉之所以为资也。此之谓土崩。”严安曰：“秦一海内之政，坏诸侯之城，为知巧权利者进，笃厚忠正者退。法严令苛，意广心逸。兵祸北结于胡，南挂于越，宿兵于无用之地，进而不得退，天下大畔，灭世绝祀。”司马相如曰：“二世持身不谨，亡国失势，信谗不寤，宗庙灭绝。”伍被曰：“秦为无道，百姓欲为乱者十室而五。使徐福入海，欲为乱者十室而六。使尉佗攻百越，欲为乱者十室而七。作阿房之宫，欲为乱者十室而八。”路温舒曰：“秦有十失，其一尚存，治狱之吏是也。”贾捐之曰：“兴兵远攻，贪外虚内，天下溃畔，祸卒在于二世之末。”刘向曰：“始皇葬于骊山，下锢三泉，多杀宫人，生薶工匠，计以万数，天下苦其役而反之。”梅福曰：“秦为无道，削仲尼之迹，绝周公之轨，礼坏乐崩，王道不通，张诽谤之网，以为汉驱除。”谷永曰：“秦所以二世十六年而亡者，养生泰奢，奉终泰厚也。”刘歆曰：“燔经书，杀儒士，设挟书之法，行是古之罪，道术由是遂灭。”凡汉人之论秦恶者如此。

唐高祖曰：“隋氏以主骄臣谄亡天下。”孙伏伽曰：“隋以恶闻其过亡天下。”《薛收传》：“秦王平洛阳，观隋宫室，叹曰：‘炀帝无道，殚人力以事夸侈。’收曰：‘后主奢虐是矜，死一夫之手，为后世笑。’”张元素曰：“自古未有如隋乱者，得非君自专、法日乱乎？造乾阳殿，伐木于豫章，一材之费，已数十万工。乾阳毕功，隋人解体。”魏征曰：“炀帝信虞世基，贼遍天下而不得闻。”又曰：“隋唯(贵)[责]不献食，或供奉不精，为此无限，而至于亡。方其未乱，自谓必无乱，未亡，自谓必不亡。所以甲兵亟动，徭役不息。”又曰：“恃其富强，不虞后患，役万物以自奉养，子女玉帛是求，宫室台榭是饰。外示威重，内行险忌，上下相蒙，人不堪命，以致陨匹夫之手。”又曰：“文帝骄其诸子，使至夷灭。”马周曰：“贮积者固有国之常，要当人有余力而后收之，岂人劳而强敛之以资寇邪？隋贮洛口仓，而李密因之；积布泉东都，而王世充据之；西京府库，亦为国家之用。”陈子昂曰：“炀帝恃四海之富，凿渠决河，疲生人之力，中国之难起，身死人手，宗庙为墟。”杨相如曰：

“炀帝自恃其强，不忧时政。言同尧、舜，迹如桀、纣，举天下之大，一掷弃之。”吴兢曰：“炀帝骄矜自负，以为尧、舜莫己若，而讳亡憎谏。乃曰：‘有谏我者，当时不杀，后必杀之。’自是謇谔之士去而不顾，外虽有变，朝臣钳口，帝不知也。”柳宗元曰：“隋氏环四海以为鼎，跨九垠以为炉，爨以毒燎，煽以虐焰，沸涌灼烂，号呼腾蹈。”李珏曰：“隋文帝劳于小务，以疑待下，故二世而亡。”凡唐人之论隋恶者如此。

【译文】

秦始皇

从夏、商、周三代开始直到五代，作为统治天下的帝王而对人民犯下滔天大罪，被世世代代所痛斥的，没有比得上秦始皇和隋炀帝的，难道这二人的罪恶比夏桀、商纣还大吗？这大概是因为，秦朝之后是汉朝，隋朝之后是唐朝，两个朝代存在的时间都很长久，汉朝和唐朝的大臣在议论国事，及前朝得失时，必然要首先提及他们，事实真实而又有材料可考证，所以他们的所作所为就暴露得很明显，而且随着时间的推移亦掩盖不住。兹举例予以说明。

张耳说：“秦朝政治混乱而且刑法残酷，残害毁灭天下人民。北面修筑长城，南边开辟五岭，征调成千上万的百姓服役、戍守，国内动荡不堪，赋税繁重、刑罚严酷，天下父子都不能互相依赖生存。”张良说：“秦朝治国无方，所以刘邦得以进关，替天下除去了凶残暴虐的人。”陆贾说：“秦朝任意使用严酷的刑法而不改变，最终招致自己的灭亡。”王卫尉说：“秦朝因为拒绝听取自己的过失，而失去天下。”张释之说：“秦朝任用舞文弄法的官吏，这些人审理案件急速苛刻，以此显示自己能耐高低，所以朝廷听不到自己的过失，到秦二世胡亥时，国家日益衰落，终于土崩瓦解灭亡了。”贾山借秦朝作比喻说：“为自己构筑华丽的宫殿，却使他的后人连草屋都住不上；为自己修筑宽阔平坦的大道，却使后人连小路都走不成；为给自己修造豪华的陵墓，却使后人死无葬身之地。用一千八百个国家的人民来养活自己，人民精疲力竭也服不完他的劳役，倾家荡产也满足不了他的需求，每人、每家都和他结下怨仇，江山已经毁坏而他还不知道，秦始皇才死了几个月，国家就灭亡了。”贾谊说：“商鞅丢掉礼仪仁爱，一心推行他的政策，追求功名，施行了二年，秦朝风俗日益败落，不讲礼、义、廉、耻，君主、大臣乖戾、混乱，亲朋之间互相残杀，天下人民纷纷逃离叛乱，国家因此而衰弱。”又说：“让赵高辅佐胡亥，却只教他用刑狱统治天下。今天即位做皇帝，明天就杀人，把杀人看作像割草一样随便。把国家置于严酷的法令刑罚统治之下，没有一点恩德惠泽，而怨恨、仇视却充盈天下，人民憎恨他，把他看作仇敌。”晁错说：“秦朝调征士兵戍守边关，虽九死一生，却没有一点报酬。天下人都很清楚自己遭受的大祸，所以陈胜首先揭竿而起，天下人像流水一样追随他。”又说：“秦始皇任用没有贤能的人，偏信谗言献媚的小人，使人民筋疲力竭，他却自以为是，夸耀自己贤明，而事实上法令繁多苛刻，刑罚暴虐残酷，天下人民、无论和他关系近的还是远的人人自危，朝廷内外都很怨恨他，国家因此灭亡了。”董仲舒说：“秦朝严厉禁止礼乐典制和学术文化，严禁私人拥有儒家经典及其他历史书籍，抛弃甚至讨厌听到礼义情谊。其用心是为了完全消灭前世流传下来的圣贤学说，而恣意实行苟且简单的治理国家的方法。自古以来，没有像秦朝这样以乱治乱、使天下人民深受其害的。”又说：“效法申不害、商鞅提出的权术，推行韩非的法治学说，厌恶贤明君主的治国之道，把贪婪凶狠作为习俗，横征暴敛而没有法度，人民精力殚竭、财力散尽，为生计所迫起而闹事的此起彼伏，死亡的人很多，但干扰朝政的邪恶之人却没有停止。”淮南王刘安说：“秦朝派尉屠睢进攻越人，开凿灵渠，修筑官道，旷日持久，又调发大批被罚流放的人戍守边关，准备好作战，这些守边之人常常有去无回，逃跑的人一个接一个，结伙成为盗贼，于是山东的战乱开始兴起。”吾丘寿王说：“秦始皇废除先贤治国之道，树立自己的观点，抛弃仁义道德而用刑罚杀人，以至使罪犯充满道路，为生活所迫，满山遍野都是盗贼。”主父偃说：“秦始皇凭着战胜六国的威力，功绩与夏、商、周三代一样，对战争喜爱不止，军队强盛显露，老百姓却疲惫不堪，孤寡老弱不能互相救济生活下去，许多人无法生存，天下人开始背叛他。”徐乐说：“秦朝末期，人民生活贫困，但君主却不给以抚恤，下边怨声载道而上边却不知道，风俗败落而政治却得不到改善，这是陈胜起义的原因啊。这就是所说的土崩瓦解。”严安说：“秦朝统一中国后，毁掉原来各诸侯国的城池，投机取巧、追求功名的得以重用，忠实厚道、耿直仁义之士遭到排斥。法令严峻苛酷、野心勃勃。向北用兵攻打匈奴，向南和越人交战，把军驻守在没有用的地方，一直向前推进而不得后退，天下人都背叛它，因此，国家便灭亡了。”司马相如说：“秦二世胡亥对自己要求不严，丢掉国家，失去权势，偏信谗言而不醒悟，结果招致江山灭亡。”伍被说：“秦朝统治黑暗，十户老百姓中有五户想造反。派徐福东渡日本寻求长生不老之药，老百姓中十户有六户想起来造反。派尉佗进攻东南越人，老百姓中十户有七户想起来造反。修建阿房宫，老百姓中十户有八户想起来造反。”路温舒说：“秦朝有十个人死，如果有一个人活下来，这个人就是负责管理牢狱的人。”刘向说：“秦始皇在骊山为自己修造华丽的墓葬，用熔化的金属堵住墓道缝隙，以明珠作为日月星辰，用水银作为江河湖海，杀戮官人作为殉葬品，又活活埋进数以万计的修墓工匠，天下老百姓被繁重的徭役害苦了，便起来反抗。”梅福说：“秦朝没有治理国家的良好措施，灭绝孔丘、周公旦这些先贤的学说和治国之道，败坏礼义典乐，统治天下的措施不灵活，不得力，无中生有，诋毁别人，又盛行大肆说别人坏话，所以最终被汉朝所取代。”谷永说：“秦朝之所以传了两代皇帝，统治天下十六年就灭亡了。是因为统治者生活过于奢侈，陪葬过于丰厚。”刘韵说：“焚书坑儒，设立禁止私人藏书的法令，这些做法都是自古没有的罪恶，也随之失去了治理国家的方法。”大凡汉朝人就是这样议论秦始皇罪过的。

唐高祖李渊说：“隋朝因为君主自高自大，官吏阿谀奉承而失去天下。”孙伏伽说：“隋朝皇帝因为讨厌听到自己的过错而失去天下。”《新唐书·薛收传》记载：“秦王李世民平定洛阳后，观看隋朝宫殿时，感叹地说：‘隋炀帝不实行德政，竭尽天下人力从事奢侈豪华。’薛收说：‘隋炀帝如此奢侈、暴虐、夸耀，最后死在了一介武夫的手上，被后世耻笑。’”张元素说：“自古以来，没有像隋这么混乱的朝代，这难道不是因为君主专制自恣、法制日益败坏造成的吗？修建乾阳殿，到豫章大肆伐砍树木，一根木材要费去数十万工匠的精力。乾阳殿修好了，隋朝也随之灭亡了。”魏征说：“隋炀帝偏信虞世基，盗贼满天下他却不知道。”又说：“隋炀帝肆意责备不奉献食物或供奉物品不精的人，这样没有节制，直到亡国。当天下没有动乱的时候，自己认为天下一定不会动乱，当天下没有灭亡时，自己认为天下一定不会灭亡。于是频频发动战争，不断地征派徭役。”又说：“（隋炀帝）自恃国力富强，而不顾后果，役使天下财物为自己享用，追求天下美女钱财，装饰宫殿、楼阁。对外耀武扬威，对内阴险多疑，君臣上下互相欺骗，以致最后丧命于百姓之手。”他还说：“隋文帝使他的儿子们骄逸自大，最终到他儿子统治天下时，国家灭亡。”马周说：“存储粮食本是一个国家很平常的事，但要等到人民有余粮时再收缴，哪里有把强行收缴而来的人民的口粮用来资助盗寇的呢？隋朝建洛口仓存储粮食，却被李密得去；在东都洛阳存积布匹丝织品，却被王世充据有；西京长安国库，也被国家用完。”陈子昂说：“隋炀帝自恃国家富足，开凿大运河，耗尽了老百姓的力量，酿成中国的灾难，自身死于他人之手，江山社稷变为废墟。”杨相如说：“隋炀帝自恃强大，不担忧国家政事。言语像尧、舜的一样美好，所作所为如同夏桀王、商纣王那样残暴，将偌大个国家举手扔掉。”吴兢说：“隋炀帝骄傲自负，以为自己强于尧、舜二帝，又忌讳人们谈论亡国，拒绝听取大臣们的谏言。甚至说：

‘向我进谏言的人，当时不杀他，过后一定要杀他。’于是正直的人都毫不留恋地离开了他，朝廷之外虽然有叛乱，而朝廷大臣却紧紧闭口不言，隋炀帝也就无从知道。”柳宗元说：“隋朝把中国当作一个大鼎炉，用毒火烈焰来烧煮它，鼎炉内沸水涌起，鼎炉外大火熊熊，老百姓在炉中骂叫挣扎。”李珏说：“隋文帝在细小事情上很用心，对待朝廷大臣常常用以猜疑之心，所以帝位传了两代就亡国了。”大凡唐朝的人都是这样议论隋朝罪恶的。

汉唐二武

【原文】

东坡云：“古之君子，必忧治世而危明主，明主有绝人之资，而治世无可畏之防。”美哉斯言！汉之武帝，唐之武后，不可谓不明，而巫蛊之祸，罗织之狱，天下涂炭，后妃公卿，交臂就戮，后世闻二武之名，则憎恶之。蔡确作诗，用郝甑山上元间事，宣仁谓以吾比武后；苏辙用武帝奢侈穷兵虚耗海内为谏疏，哲宗谓至引汉武上方先朝。皆以之得罪。人君之立政，可不监兹！

【译文】

苏　轼

苏东坡说：“古代道德高尚的人，必定担忧治理天下，担心贤明的君主，贤明的君主虽有过人的资质，但治理天下也要有所防备。”这句话说得真好啊！汉朝的汉武帝、唐朝的武则天，不能说不贤明，但是国家仍然有用巫术毒害人的灾难，有网罗编造罪名的现象，人民生活在水深火热之中，后宫妃子与王公大臣常因一点小事就遭到杀害，后世的人听到汉武帝和武则天的名字，就非常憎恨厌恶他们。蔡确作了一首诗，用了郝甑山正月十五元宵节的典故，宣宗就认为蔡确把他比作武则天；苏辙用汉武帝奢侈豪华追求享受、用尽全部兵力发动战争、消耗府库使国家衰弱这些事实作为规劝皇帝使之改正错误的奏议，宋哲宗赵煦就认为苏辙引用汉武帝是把他与前朝相比。他们两人都因此而被定了罪。君主治理天下，不可不把这件事作为教训！

郑庄公

【原文】

《左传》载诸国事，于第一卷首书郑庄公，自后纪其所行尤详，仍每事必有君子一说，唯诅射颍考叔，以为失政刑，此外率称其善。杜氏注文，又从而奖与之。案庄公为周卿士，以平王贰于虢而取王子为质，以桓王畀虢公政，而取温之麦，取成周之禾。以王夺不使知政，忿而不朝，拒天子之师，射王中肩。谓天子不能复巡守，以泰山之祊易许田。不胜其母，以害其弟，至有城颍及泉之誓。是其事君、事亲可谓乱臣贼子者矣！而曾无一语以贬之。书姜氏为母子如初，杜注云：“公虽失之于初，而孝心不忘，故考叔感而通之。”书郑伯以齐人朝王曰：“礼也。”杜云：“庄公不以虢公得政而背王，故礼之。”书息侯伐郑曰：“不度德。”杜云：“郑庄贤。”书取郜与防归于鲁曰：“可谓正矣。以王命讨不庭，不贪其土，以劳王爵。”书使许叔居许东偏曰：“于是乎有礼，度德而处，量力而行，相时而动，可谓知礼。”书周、郑交恶曰：“信不由中，质无益也。”是乃以天子诸侯混为一区，无复有上下等威之辨。射王之夜，使祭足劳王，杜云：“郑志在苟免，王讨之非也。”此段尤为悖理。唯公羊子于克段于鄢之下，书曰“大郑伯之恶”，为得之。

【译文】

《左传》记载了春秋时期各诸侯国的大事，在第一卷首先记载了郑庄公，记述了他的所作所为十分详细，而且每件事后必定要以“君子曰”的形式抒发作者的看法和评论，其中只有对他下令军中诅咒射杀颍考叔之人表示出略有微词，以为有失政刑，此外一概都称颂他的美德。杜预为《左传》做注释，也大加赞赏郑庄公。郑庄公本是周天子朝廷中的最高执政大臣，因周平王同时又重用虢公以分郑权，于是郑庄公要求派王子狐到郑国为人质，以示诚意。桓王给予虢公执政的地位，郑庄公便把周天子温地（今河南温县西） 的麦子抢走，又把成周（今河南洛阳东郊白马寺以东） 的庄稼强行收割。因为周王将他的辅政的权力剥夺，他心中便忿恨不满，不去朝见天子，并抵拒天子的军队，把周王的肩头射伤。他说天子不能再巡守，用泰山的祊地换取许国（今河南许昌东）的田。他不能容忍自己的母亲，迫害自己的弟弟，甚至在城颍（今河南临颍西北） 发出不到黄泉不与母亲相见的誓言。他对君主、对亲人的所作所为，完全可以说是一个乱臣贼子的行为！而《左传》中却没有一句贬低他的话。《左传》记载郑庄公与他母亲姜氏和好，关系像当初一样，杜预注释说："郑庄公虽然起初有过错，但孝顺之心却没有忘掉，所以考叔能够感化他，使他们母子重归于好。"《左传》记载郑庄公劝说齐国国君拜见周王时，说："这是有礼貌啊！ "杜预注释说："郑庄公不因为虢公得到执政权而背叛周王，所以仍然以礼事之。"《左传》在记述息侯攻打郑国时说："息侯没有揣度衡量自己的德行和力量。"杜预注释说："郑庄公很贤良。"《左传》记载郑庄公把郜国（今山东成武县东南）和防邑（今山东金乡县西）归还给鲁国时，说："这可以说是正义之举啊。奉周王的命令讨伐不效忠王室的人，得胜后又不贪取其土地，以劳王爵。"《左传》记载郑庄公命许国大夫百里奉许叔居于许国东部，说："郑庄公在这件事上做得很合乎礼仪，揣度自己的品德而处理事情，能够衡量自己的能力并量力而行，判断好时机再行动，可以说很懂礼仪了。"《左传》记载周王与郑庄公关系恶化，说："双方不能出自真心的信任，交换人质没有什么好处。"这实在是把天子与诸侯混为一体，不再有上下、贵贱之别了。郑庄公射伤周王的当晚，派祭足慰劳周王，杜预注释说："郑庄公的本意是想苟且求免，周王讨伐他是不对的。"这段话尤其不合情理。唯有公羊高在"郑庄公战胜共叔段于鄢（今河南鄢陵县西北）"下面写道："突出郑庄公的罪恶。"这句话说得非常正确。

钟繇自劾

【原文】

汉建安中，曹操以钟繇为司隶校尉，督关中诸军。诏召河东太守王邑，而拜杜畿为太守。郡掾诣繇求留邑，繇不听，邑诣许自归。繇自以威禁失督司之法，乃上书自劾曰："谨案侍中守司隶校尉东武亭侯钟繇，幸得蒙恩，以斗筲之才，仍见拔擢，显从近密，衔命督使。明知诏书深疾长吏政教宽弱，检下无刑，久病淹滞，众职荒顿。既举文书，操弹失理。轻慢宪度，不与国同心，为臣不忠，大为不敬。臣请法车召诣廷尉治繇罪，大鸿胪削爵土。臣辄以文书付功曹从事，伏须罪诛。"诏不许。予观近时士大夫自劾者，不过云乞将臣重行窜黜阖门待罪而已，如繇此章，盖与为它人所纠亡异也，岂非身为司隶，职在刺举，故如是乎！

【译文】

东汉献帝建安年间，曹操任命钟繇为司隶校尉，统帅关中各路军队。后来朝廷下诏书征召河东（治今山西夏县）太守王邑回京，另派杜畿为河东太守。河东郡属官属吏请求钟繇留任王邑，钟繇没有答应，王邑到许昌后就径自回家了。钟繇认为这是因为自己督察下属失职而造成的，于是上书朝廷自我弹劾说："侍中、守司隶校尉、东武亭侯钟繇，有幸蒙受皇帝的恩泽，虽才识短浅，但是仍被提拔重用，成为朝廷的亲近大臣，奉命统帅关中各军。明知朝廷诏书深恶痛绝地方长官政治教化宽松无力、检查下属无法，法令长期得不到执行，各项工作都处于瘫痪状态，我身为地方官员，却不能有效地治理，轻视国家法度，不与朝廷同心，作为臣子却对朝廷不忠，这真是对朝廷极大的不恭敬。我请求皇上派廷尉审查钟繇的罪行，让大鸿胪削去钟繇的爵位，收回封地。我即刻把文书交付给州郡的属官，伏道听候朝廷的处罚。"皇帝下诏书驳回了他的上奏。我看现在上书自我弹劾的官吏，只不过是说请求皇帝将自己重行贬职、流放外地、闭门待罪罢了，像钟繇这样自我弹劾的奏章，大概和被别人所弹劾没什么不同，这难道是因为钟繇身为掌管监察、弹劾的司隶校尉，职责就是检举不法行为，所以才这样做的吗！

钟 繇

大义感人

【原文】

理义感人心，其究至于浃肌肤而沦骨髓，不过语言造次之间，初非有怪奇卓诡之事也。楚昭王遭吴阖庐之祸，国灭出亡，父老送之，王曰："父老返矣，何患无君！"父老曰："有君如是其贤也！"相与从之，或奔走赴秦，号哭请救，竟以复国。汉高祖入关，召诸县豪桀曰："父老苦秦苛法久矣，吾当王关中，与父老约法三章耳。凡吾所以来，为父兄除害，非有所侵暴，毋恐！"乃使人与秦吏行至县乡邑，告谕之，秦民大喜。已而项羽所过残灭，民大失望。刘氏四百年基业定于是矣。唐明皇避禄山乱，至扶风，士卒颇怀去就，流言不逊，召入谕之曰："朕托任失人，致逆胡乱常，须远避其锋。卿等仓卒从朕，不得别父母妻子，朕甚愧之。今听各还家，朕独与子弟入蜀，今日与卿等诀。归见父母及长安父老，为朕致意。"众皆哭曰："死生从陛下。"自是流言遂息。贼围张巡于雍丘，大将劝巡降，巡设天子画像，帅将士朝之，人人皆泣。巡引六将于前，责以大义而斩之，士心益劝。河北四凶称王，李抱真使贾林说王武俊，托为天子之语，曰："朕前事诚误，朋友失意，尚可谢，况朕为四海之王乎？"武俊即首唱从化。及奉天诏下，武俊遣使谓田悦曰："天子方在隐忧，以德绥我，何得不悔过而归之？"王庭凑盗据成德，韩愈宣慰，庭凑拔刃弦弓以逆。及馆，罗甲士于廷。愈为言安、史以来逆顺祸福之理，庭凑恐众心动，麾之使出，讫为藩臣。黄巢伪赦至凤翔，节度使郑畋不出，乐奏，将佐皆哭。巢使者怪之，幕客曰："以相公风痹不能来，故悲耳。"民间闻者无不泣，畋曰："吾固知人心尚未厌唐，贼授首无日矣。"旋起兵率倡诸镇，以复长安。田悦以魏叛，丧师遁还，亦能以语言动众心，誓同生死。乃知陆贽劝德宗痛自咎悔，以言谢天下，制书所下，虽武人悍卒，无不感动流涕，识者知贼不足平。凡此数端，皆异代而同符也。国家靖康、建炎之难极矣，不闻有此，何邪？

【译文】

理义能够感动人心，能够穿透肌肤，深入骨髓，这只不过是在言语瞬息间的事，原本没有什么奇怪诡异之处。楚昭王遭到吴王阖闾的进攻，国家灭亡，自己也被迫出逃；楚国的父老们给他送行，楚昭王说："父老们，请回去吧，不要担心不会有国君？"父老们说："哪里有像大王这么贤明的国君呢！"于是纷纷跟着楚昭王出逃。申包胥急忙赶往秦国请求援救，在秦廷号哭了七天七夜，秦哀公被其所打动并派兵救援。楚国最终因此得以复国。汉高祖刘邦率军进入关中后，召集各县的豪杰宣告说："大家被秦朝苛酷的刑法所残害已经很长时间了，现在我统治关中，只与父老们相约定下三条法律。我入关的原因，是为了替父老兄弟们除去祸害，而不是为了侵犯和虐待老百姓，请大家不要担心！"又派人和秦朝官吏一起到各郡县乡邑，向老百姓宣传政策，关中的百姓都很高兴。不久，项羽率大军入关，所过之处，鸡犬不宁，血流成河，人民对项羽大失所望。这也就奠定了刘氏四百年的江山基业。唐明皇李隆基为了躲避安禄山的叛军，急匆匆地逃往四川，当走到扶风（今陕西宝鸡东）时，有许多士兵想逃走，而且流言四起，对唐明皇出口不逊。唐明皇召见将士们并说："我用人不当，以致胡人安禄山发动叛乱，现在必须长途跋涉以避开叛军的锋芒。各位仓促之间跟随我出去，不能与父母、妻儿告别，对此我感到很惭愧。大家如果想回去请尽管回家，我和我的子弟们前往四川，今天在此和大家诀别。回去见到父母和长安（今陕西西安）的父老们，把我的致意和问候转告给他们。"众将士都哭着说："无论是生是死，我们都跟随皇帝陛下。"于是流言便自动消失了。安禄山的叛军围困张巡驻守的雍丘城，城中大将们劝张巡投降。张巡在城中设置了皇帝李隆基的画像，率领众将士朝拜。将士们在皇帝画像前都痛哭流涕，张巡把劝他投降的六个大将带到皇帝画像前，用忠孝大义指责他们，然后把他们斩首，极大地鼓舞了守城将士的抗敌热情。唐德宗时，河北有四人叛乱称王，其中王武俊称赵王、田悦称魏王、李纳称齐王、朱滔称冀王。李抱真派贾林劝说王武俊，并假托皇帝的话说："朕以前的确把事情做错了，朋友之间发生了误会，尚且可以相互道歉，何况我身为天下君主呢？”王武俊于是就首先倡议其他称王的人一同归顺朝廷。等到德宗皇帝在奉天（今陕西乾县）下诏书公开检讨自己的过错时，王武俊派人对田悦说：“皇帝正为国家大事担忧，用恩德安抚我们，我们为什么不悔过自新，归顺朝廷呢？”王庭凑窃据了成德（治今河北正定）以后，韩愈奉命前去安抚。王庭凑剑拔弩张迎接韩愈。到客馆后，王庭凑又将全副武装的士兵布满于庭院内。韩愈向他们讲述了安史之乱以来背叛和归顺朝廷的利害关系及祸福相互转化的道理，王庭凑害怕军心动摇，挥手让士兵出去，最终王庭凑还是做了唐朝的藩臣。黄巢占领长安后，发布的赦诏传至凤翔（今属陕西）时，节度使郑畋不出来接受；当音乐奏起时，他手下的将领都哭了。黄巢派来的使者感到很奇怪，郑畋的幕僚说：“这是因为郑畋的风湿病犯了，不能前来，所以我们很悲伤。”凤翔的老百姓听说这件事后，没有不流泪的。郑畋说：“我本来就知道老百姓的心中还没有厌弃唐朝，敌人的败灭指日可待了。”旋即举兵倡议各藩镇，共同收复了长安。田悦在魏州（治今河北大名东北）反叛并称魏王，被唐军打败后逃回魏州，也能用语言打动众人的心，众人发誓与他同生死。也正是因为如此，陆贽劝唐德宗深刻地反省自己的过失，用真诚的言辞向天下人谢罪。诏书发出后，即使是武夫悍卒，也无不为之感动得流下眼泪，有识之士由此知道叛乱不难平定。以上这几件事，虽然发生的时代不同，但所用的都是相同的方法。我们大宋朝在靖康、建炎年间所遭受的灾难严重到了极点，但是却没有听说有类似的事情发生，这又是什么原因呢？

张　巡

淮　南　王

【原文】

汉淮南厉王死，民作歌以讽文帝曰：“一尺布，尚可缝，一斗粟，尚可舂，兄弟二人不相容。”此《史》《汉》所书也。高诱作《鸿烈解叙》，及许叔重注文，其辞乃云：“一尺缯，好童童，一升粟，饱蓬蓬，兄弟二人不能相容。”殊为不同，后人但引尺布斗粟之喻耳。厉王子安复为王，招致宾客方术之士，作为《内书》二十一篇,《外书》甚众;又有《中篇》八卷,言神仙黄白之术。《汉书·艺文志·淮南内》二十一篇,《淮南外》三十三篇,列于杂家,今所存者二十一卷,盖《内篇》也。寿春有八公山,正安所延致客之处,传记不见姓名,而高诱叙以为苏飞、李尚、左吴、田由、雷被、毛被、伍被、晋昌等八人,然唯左吴、雷被、伍被见于史。雷被者,盖为安所斥,而亡之长安上书者,疑不得为宾客之贤也。

【译文】

西汉文帝的弟弟淮南厉王刘长,企图造反未成,谪徙四川,最后在半路上死去,民间百姓作了一首诗歌来讽刺汉文帝,说:“一尺布,尚可缝,一斗粟,尚可舂,兄弟二人不相容。”这首诗在《史记》《汉书》中有记载。高诱著《鸿烈解叙》一书,许慎为《鸿烈》一书的注释中,这首诗是这样的:“一尺缯,好童童,一升粟,饱蓬蓬,兄弟二人不能相容。”两首诗不尽相同,后人只不过是引用一尺布还可以缝衣、一斗粟还可以舂米,比喻刘长与兄汉文帝不能相容罢了。淮南厉王刘长的儿子刘安继承淮南王位,招集了四方宾客方术之士,撰写了《淮南子》一书,其中《内书》二十一篇,《外书》很多,还有八卷《中篇》,主要说的是道家神仙及炼丹成金银的法术。《汉书·艺文志》著录《淮南子·内篇》二十一篇,《淮南子·外篇》三十三篇,列于杂家之下,现在所传下来的二十一卷,就是《淮南子·内篇》。寿春(今安徽寿县)有座八公山,这里就是刘安邀请他的八位门客的地方,史书传记中没有记载他们的名字,高诱的《鸿烈解叙》(《淮南子》本名《鸿烈》)认为这八个人是苏飞、李尚、左吴、田由、雷被、毛被、伍被、晋昌等,但只有左吴、雷被、伍被史书中有记载。雷被大概就是被刘安斥责后,逃到长安(今陕西西安)上书皇帝告刘安的那个人,刘安怀疑他没有作为门客的德行和才能。

孙权称至尊

【原文】

陈寿《三国志》，固多出于一时杂史，然独《吴书》称孙权为至尊，方在汉建安为将军时，已如此，至于诸葛亮、周瑜，见之于文字间亦皆然。周瑜病困，与权书曰："曹公在北，刘备寄寓，此至尊垂虑之日也。"鲁肃破曹公还，权迎之，肃曰："愿至尊威德加乎四海。"吕蒙遣邓玄之说郝普曰："关羽在南郡，至尊身自临之。"又曰："至尊遣兵，相继于道。"蒙谋取关羽，密陈计策，曰："羽所以未便东向者，以至尊圣明，蒙等尚存也。"陆逊谓蒙曰："下见至尊，宜好为计。"甘宁欲图荆州，曰："刘表虑既不远，儿子又劣，至尊当早规之。"权为张辽掩袭，贺齐曰："至尊人主，常当持重。"权欲以诸葛恪典掌军粮，诸葛亮书与陆逊曰："家兄年老，而恪性疏，粮谷军之要最，足下特为启至尊转之。"逊以白权。凡此之类，皆非所宜称，若以为陈寿作史虚辞，则魏、蜀不然也。

【译文】

陈寿编撰的《三国志》，资料多数是从当时杂史中找来的，但是唯独在《三国志·吴书》中称孙权为"至尊"，当初孙权在汉朝建安年间，作将军时，就是这样称呼他了，至于诸葛亮、周瑜二人，见于文字记载的也这样称呼孙权。周瑜病重时，给孙权写信说："曹操占据北方，刘备借住荆州，这二人是至尊您需要日夜警戒的啊！"鲁肃奉命和诸葛亮合兵在赤壁大破曹操，胜利而归，孙权去迎接他，鲁肃说："祝愿至尊您的威望恩德遍布天下。"吕蒙派邓玄之游说郝普时说："关羽统领

孙　权

南郡（今湖北江陵），至尊所在的地方离他很近。”又说：“至尊调兵遣将，已经在路上连绵不断了。”吕蒙想用计谋攻打关羽，秘密地向孙权报告计策，他说：“关羽之所以没有很顺利地向东扩展势力，是因为‘至尊’圣明，我们这些人还在。”陆逊对吕蒙说：“我见到至尊，应当很好地为他献计献策。”甘宁想夺取荆州，他说：“既然刘表考虑事情不甚长远，他的儿子又弱小不成才，至尊您应当早日谋划。”孙权被曹操的大将张辽偷袭，贺齐说：“至尊您身为主公，应当时常稳重固守。”孙权想让诸葛恪主管军中粮草，诸葛亮写信给陆逊说：“我的哥哥诸葛瑾年纪大了，而且他的儿子诸葛恪性情疏散，粮草是军中至关重要的物资，请您特意转告至尊，另换他人。”陆逊把这话转告了孙权。所有这些，称呼都不适宜。如果以为陈寿写《三国志》这部史书时，用的言词不真实，那么魏国、蜀国就不是那回事了。

萧何先见

【原文】

韩信从项梁，居戏下，无所知名。又属羽，数以策干羽，羽弗用，乃亡归汉。陈平事项羽，羽使击降河内，已而汉攻下之。羽怒，将诛定河内者。平惧诛，乃降汉。信与平固能择所从，然不若萧何之先见。何为泗水卒史事，第一。秦御史欲入言召何，何固请，得毋行。则当秦之未亡，已知其不能久矣，不待献策弗用，及惧罪且诛，然后去之也。

【译文】

韩信跟随项梁时，只是部下的一名小吏，还不是很出名。后来又投奔项羽，几次向项羽献计献策；项羽都没有采纳，于是他就投奔刘邦。陈平跟随项羽时，项羽派他率兵攻下河内（治今河南沁阳），可是，不久刘邦的人马又攻占了河内。项羽很生气，打算诛杀平定河内的将领。陈平害怕被杀，于是投降汉王刘邦。韩信与陈平固然也算是善于选择何去何从，但都没有萧何有先见之明。萧何在担任泗水郡小吏时，政绩考核为最好。秦朝的御史打算调萧何入京，萧何坚决辞谢，这件事这才停止了。他是在秦国还没有衰亡时，就已经知道它不会长久了，而不必等到献计策不被采纳，或者害怕有罪将要被杀头时，然后才离开它。

孙坚起兵

【原文】

董卓盗国柄，天下共兴义兵讨之，惟孙坚以长沙太守先至，为卓所惮，独为有功。故裴松之谓其最有忠烈之称。然长沙为荆州属部，受督于刺史王叡。叡先与坚共击零、桂贼，以坚武官，言颇轻之。及叡举兵欲讨卓，坚乃承案行使者，诈檄杀之，以偿曩忿。南阳太守张咨，邻郡二千石也，以军资不具之故，又收斩之。是以区区一郡将，乘一时兵威，辄害方伯、邻守，岂得为勤王乎？刘表在荆州，乃心王室，袁术志于逆乱，坚乃奉其命而攻之，自速其死，皆可议也。

【译文】

东汉末年，董卓窃取了国家军政大权，全国各地纷纷起义兵讨伐他，其中只有孙坚以长沙太守的身份带兵率先赶到，让董卓很忌惮，也立下了大功。所以，《三国志注》的作者裴松之称赞他最有忠烈之心。然而，长沙是荆州的属郡，受刺史王叡节制。王叡先前曾与孙坚一同镇压零陵（今湖南永州）、桂阳（治今湖南郴州市）一带的农民起义军，他认为孙坚只是一介武夫而已，因而在言语上对他颇为轻视。到了王叡举兵准备讨伐董卓时，孙坚便假借案行使者，伪称檄令杀了他，以泄旧愤。南阳太守张咨，乃是邻郡的二千石官，因为供应的军用物资不充足，结果竟被孙坚斩首示众。孙坚身为一名小小的郡将，凭着一时的兵威，竟动不动就杀害最高地方长官和邻郡的太守，这哪里能够称得上是勤王吗？荆州牧刘表对皇室忠心耿耿，而淮南的袁术则一心想兴起叛乱；孙坚却奉袁术之命前去攻打刘表，结果被刘表部将黄祖射死，真是自取灭亡。孙坚的这些行为都是值得深入探讨的。

孙权封兄策

【原文】

孙权即帝位，追尊兄策为长沙王，封其子为吴侯。案孙氏奄有江、汉，皆策之功，权特承之耳，而报之之礼不相宜称。故陈寿评云："割据江东，策之基兆也，而权尊崇未至，子止侯爵，于义俭矣。"而孙盛乃云："权远思盈虚之数，正本定名，防微于未兆，可谓为之于未有，治之于未乱。"其说迂谬如此。汉室中兴，出于伯升，光武感其功业之不终，建武二年，首封其二子为王，而帝子之封，乃在一年之后。司马昭继兄师秉魏政，以次子攸为师后，常云："天下者景王之天下。"欲以大业归攸。以孙权视之，不可同日论也。

【译文】

孙权当了皇帝，追尊哥哥孙策为长沙王，封孙策的儿子为吴侯。实际上，东吴之所以能占据长江、汉水流域大片地区，都是孙策的功劳，孙权只是继承哥哥所创下的基业而已，可是孙权报答孙策的礼节却很不相称。所以，《三国志》的作者陈寿发表评论说："孙家割据江东，乃是仰仗孙策所奠定的基础，而孙权对他的尊崇却很不够；孙策的儿子仅仅被封为侯爵，从情理上说是太浅了。"而史学家孙盛却说："孙权深谋远虑，熟知事物盈虚转化的规律，因而正本定名，在灾祸还没有的时候就防范，在还未乱时就治理好了。"孙盛的论点竟这样迂腐。汉王朝的中兴，是由于刘秀的长兄刘伯升，光武帝刘秀对哥哥事业尚未完成就被刘玄所杀感到非常伤感，因而于建武二年（26），首先封刘伯升的两个儿子为王，而自己亲儿子受封却是在一年之后。司马昭继哥哥司马师之后当了皇帝，将自己的次子司马攸过继给司马师为后代，并且常说："天下乃是景王（司马师）的天下。"打算把江山传给司马攸。孙权与他们相比，实在不能同日而语。

曾皙待子不慈

【原文】

传记所载曾皙待其子参不慈，至云因锄菜误伤瓜，以大杖击之仆地。孔子谓参不能如虞舜小杖则受，大杖则避，以为陷父于不义，戒门人曰："参来勿内。"予窃疑无此事，殆战国时学者妄为之辞。且曾皙与子路、冉有、公西华侍坐，有"浴乎沂，风乎舞雩"之言，涵泳圣教，有超然独见之妙，于四人之中，独蒙"吾与"之褒，则其为人之贤可知矣。有子如此，而几置之死地，庸人且犹不忍，而谓皙为之乎？孟子称曾子养曾皙酒肉养志，未尝有此等语也。

【译文】

传记中记载，曾皙对待儿子曾参很不慈爱，甚至因为锄菜时不小心碰伤了瓜，就用大杖子把他打倒在地。孔子评价说，曾参怎么不像虞舜那样，小杖就忍受，大杖打就躲避，这样就害得他父亲落了个无情无义的名声，并告诫守门人说："曾参来了不让他进。"我私下里怀疑这件事，很可能是战国时代的学者胡编乱造的。况且有关于曾皙和子路、冉有、公西华侍坐的记载，还有"沐浴于沂，在风中跳祈雨的舞姿"的话，可见曾皙受神圣教育，涵养很深，有卓然不群、见解独到之才。在这四个人中，只有曾皙承蒙孔夫子"吾与"之褒奖，那么他的为人的贤德就可知了。有这样的儿子，几乎把他置于死地，平庸的人尚且不忍心，更何况曾皙呢？孟子讲曾子养曾皙是酒肉养志，我认为不可能有这样的话。

冉 求